寻路初心
追溯上海红色谱系

孙 柳　主编

徐立佳 田志轩　副主编

上海人民出版社

目　录

导言　征程万里　初心如磐

征程万里，不忘来路；饮水思源，不忘初心。

"红色基因就是要传承。中华民族从站起来、富起来到强起来，经历了多少坎坷，创造了多少奇迹，要让后代牢记，我们要不忘初心，永远不可迷失了方向和道路。"红色基因，是我们党光荣传统和优良作风的内核，是信仰的种子、精神的谱系、制胜的密码，是我们党精神谱系的"DNA"。红色基因作为我们党在革命斗争和建设发展中打下的精神底色，是坚守初心使命的"遗传密码"，是薪火相传的根脉所在、灵魂所依和力量所系。

历史是最好的教科书，中国革命历史是最好的营养剂。我党我军波澜壮阔的革命史、艰苦卓绝的斗争史、可歌可泣的英雄史、锐意创新的发展史，蕴含着丰富的红色传统资源，孕育形成并发展了红色基因，学好党史军史是实现红色基因传承的最好方式。习近平指出："无数革命先烈留下的优良传统是永远激励我们前进的宝贵财富，任何时候都不能丢。对于红色文化资源，我们既要注重有形遗产的保护，又要注重无形遗产的传承，大力弘扬红色传统。"上海是中国共产党的诞生地、社会主义建设的重要基地和改革开放的前沿阵地，红色资源丰富。党的一大、二大、四大在上海召开，许多重要党史事件发生在上海，许多老一辈革命家长期在上海工作生活。中国共产党成立一百年之际，上海市人民政府公布的第一批红色资源名录中，重点旧址、遗址、纪念设施或场所共 612 处，包括旧址 228 处、遗址 279 处、纪念设施 105 处；重要档案、文献、手稿、声像资料和实物类共 236 件（套）。一本红色文献就是一本生动教材，一座红色场馆就是一座精神家园。每一处红色资源都是一个常学常新的生动课堂。这些红色资源是我们党的宝贵精神财富，蕴含着丰富的政治智慧和道德滋养。对于中国共产党留给上海的红色资源、红色传统和红色基因，我们不仅要保护好、管理好，更要开发好、利用好。

一位哲人说过，历史中有属于未来的东西，找到了，思想就永恒，传承下来了，发展就永恒。树高千尺有根，水流万里有源。时空流转，变幻的是沧海桑田，不变的是血脉基因。"不忘初心，方得始终啊！我们的初心是什么？上海石库门、南湖红船，诞生了中国共产党，十四年抗战、历史性决战，才有了中华人民共和国。共和国是红色的，不能淡化这个颜色。无数的先烈鲜血染红了我们的旗帜，我们不建设好他们所盼望向往、为之奋斗、为之牺牲的共和国，是绝对不行的。"党的二十大报告强调，坚持理论武装同常态化长效化开展党史学习教育相结合，引导党员、干部不断学史明理、学史增信、学史崇德、学史力行，传承红色基因，赓续红色血脉。在全面建设社会主义现代化国家的新征程中，广大党员、干部要自觉接受红色传统教育，常学常新，不断感悟，巩固和升华理想信念。革命博物馆、纪念馆、党史馆、烈士陵园等是党和国家红色基因库。要讲好党的故事、革命的故事、根据地的故事、英雄和烈士的故事，加强革命传统教育、爱国主义教育、青少年思想道德教育，把红色基因传承好，确保红色江山永不变色。

第一章　暗夜火种照前程

——中国共产党发起组成立地
（《新青年》编辑部）旧址

中国共产党发起组成立地（《新青年》编辑部）旧址位于黄浦区南昌路100弄（原环龙路老渔阳里）2号，两层砖木结构，坐北朝南，建筑面积168平方米。1920年初，陈独秀自京抵沪后在此寓居，

中国共产党发起组成立地（《新青年》编辑部）旧址

《新青年》编辑部也随迁于此。这里是中国红色之路的起点，诞生了中国共产党第一个早期组织，创办了党的第一份机关刊物，在此办公的中共中央局机关是当时中国共产主义运动的领导核心，在中国革命史上留下了浓墨重彩的一笔。

旧址为原环龙路老渔阳里 2 号，原是安徽都督柏文蔚的私宅，后由陈独秀租下自住。楼上厢房是陈独秀的卧室，楼下客堂为会客室。1951 年，《新青年》编辑部旧址经陈望道等勘查确认，1952 年修复并作为上海革命历史纪念馆第二馆对内部开放。1959 年 5 月和 1980 年 8 月，被公布为上海市文物保护单位。2018 年 6 月，中国共产党发起组成立地（《新青年》编辑部）旧址保护利用工作启动，于 2020 年 7 月完成布展对外开放。2020 年 8 月，经上海市政府研究同意，将"《新青年》编辑部旧址"更名为"中国共产党发起组成立地（《新青年》编辑部）旧址"。

仲甫先生

陈独秀（1879 年 10 月 9 日—1942 年 5 月 27 日），原名陈庆同、陈乾生，字仲甫，号实庵，安徽怀宁（今属安庆市）人。新文化运动的倡导者之一，中国共产党主要创始人之一。

陈独秀

1920 年，陈独秀在上海建立中国共产党发起组，进行建党活动。1921 年中国共产党第一次全国代表大会上，被选为中央局书记。1925 年领导五卅运动。在大革命后期，犯了严重的右倾机会主义错误，使革命遭到失败。1927 年，在中共八七会议上被撤销总书记职务。其后，他坚持以城市为中心的国民会议运动和工人运动，反对农村武装斗争，组织托派组织。1929 年 11 月，被开除出中国共产党。后在上海建立托派组织"无产者社"，出版《无产者》刊物，宣传托派观点。

九一八事变后，在国难当头、民族危机空前严重的情况下，陈独秀发表一系列文章，提出反蒋抗日的主张。1932 年 10 月，陈独秀在上海被国民党当局逮捕，最后被以"危害民国罪"判处徒刑 13 年。对于国民党当局罗织的罪名，他回击说："予固无罪，罪在拥护中国民族利益，拥护大多数劳苦人民之故而开罪于国民党已耳。"在狱中，国民党政府国防部长何应钦单独面见他并向他求字，他挥毫写下"三军可夺帅，匹夫不可夺志也"。1937年，全民族抗日战争爆发后，陈独秀提前获释出狱。

1938年6月底，陈独秀从汉口乘船溯江而上，于8月到达江津居住。1942年5月27日，陈独秀在贫病交加中逝世。他的主要著作收入《独秀文存》《陈独秀文章选编》等。

对于陈独秀的评价，早在中华人民共和国成立前，毛泽东同志就在不同场合多次讲过要正确评价陈独秀。他说："对陈独秀应该承认他对中国共产党和中国人民是有功劳的"，"将来我们修中国历史，要讲一讲他的功劳"。2013年10月21日，习近平总书记在欧美同学会成立100周年庆祝大会上的讲话中指出："历史不会忘记，陈独秀、李大钊等一批具有留学经历的先进知识分子，同毛泽东同志等革命青年一道，大力宣传并积极促进马克思列宁主义同中国工人运动相结合，创建了中国共产党，使中国革命面貌为之一新。"

思想启蒙

辛亥革命的失败，促使人们对如何学习西方进行反思。先进的中国人认识到，中国仅仅靠移植西方的政治制度是走不通的。从根本上改造中国，要有文化的觉醒和思想的启蒙。陈独秀最先吹响思想启蒙的号角，被毛泽东誉为"思想界的明星"。

1915 年夏天，陈独秀从日本回到上海后，便开始准备筹备《青年杂志》。他先是同亚东图书馆的汪孟邹商量，在得知亚东图书馆无法合作后，又被介绍给群益书社的陈子沛、陈子寿兄弟。几人商议

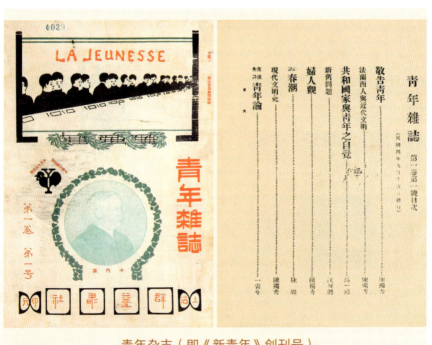

青年杂志（即《新青年》创刊号）

后由群益书社出版《青年杂志》，每月一本，每期支出 200 银元，最初发行量为 1000 份。在创刊号上，陈独秀发表创刊词《敬告青年》，对青年提出六点要求：自主的而非奴隶的；进步的而非保守的；进取的而非退隐的；世界的而非锁国的；实利的而非虚文的；科学的而非想象的。他强调青年人的思想抉择当为："孰为新鲜活泼而适于今世之争存，孰为陈腐朽败而不容留置于脑里。"

1916 年，群益书社接到上海基督教青年会来信，信上说该杂志同青年会杂志《青年》《上海青年》同名，要求《青年杂志》改名。于是，《青年杂志》自第二卷起改为《新青年》。最初的撰稿人有陈独秀、高一涵、刘文典、刘半农、易白沙、吴虞等，陈独秀为主编。

新文化运动由此发端。初期新文化运动的基本内容是：提倡民主和科学，反对专制和迷信；提倡个性解放，反对封建道德；提倡新文学，反对旧文学。新文化运动提出两大基本口号，一是民主，二是科学，即德先生（Democracy）和赛先生（Science）。陈独秀大声疾呼："国人而欲脱蒙昧时代，羞为浅化之民也，则急起直追，当以科学与人权并重。"他明确宣告："我们现在认定只有这两位先生，可以救治中国政治上、道德上、学术上、思想上一切的黑暗。"陈独秀由此成为新文化运动的精神领袖和进步思想界的代表人物。

在《新青年》的带动下，全国出现了不少社会团体和进步刊物，实际上为五四爱国运动作了组织上和思想上的准备。1922 年 7 月《新青年》休刊，1923 年 6 月复刊后改为季刊，成为中共中央正式理论性机关刊物，1925 年 4 月起出不定期刊，1926 年 7 月停刊。

以《新青年》出版为标志兴起的新文化运动，形成一场前所未有的思想启蒙运动和空前深刻的思想解放运动，有力打击和动摇了长期以来封建思想的统治地位，唤醒了一代青年。深受《新青年》影响的青年人，有不少后来成为中国革命事业的中坚骨干。比陈独秀小 14 岁的毛泽东，当时正在湖南省立第一师范学校读书。后来他对美国记者埃德加·斯诺这样谈到《新青年》："我在师范学校学习的时候，就开始读这个杂志了。我非常钦佩胡适和陈独秀的文章。他们代替了已经被我抛弃的梁启超和康有为，一时成了我的楷模。"新文化运动为适合中国社会需要的新思潮特别是马克思主义在中国的传播，创造了有利条件。

应运而生

　　1917 年 1 月，北京大学校长蔡元培聘请陈独秀为文科学长。《新青年》编辑部随之移至北京，由一人主编改为同人刊物，并成立编委会。编委聚会的地点常常为箭杆胡同 9 号陈独秀寓所，这里成为了新文化运动的指挥部。北京大学也成为当时中国思想界最活跃的阵地。

　　1918 年 12 月，陈独秀、李大钊创办针砭时政的战斗性刊物《每周评论》，与《新青年》相互配合，协同作战。《每周评论》猛烈抨击封建军阀统治，揭露日本在中国东北和山东攫取权益的侵略行径，号召人民奋起抗争，成为新文化运动的又一块宣传阵地。

第一期《每周评论》

　　1917 年 11 月 7 日，俄国十月社会主义革命胜利，建立了人类历史上第一个社会主义国家，开创了人类历史新纪元，为世界被压迫民族被压迫人民树立了榜样，指明了方向。陈独秀以极大的热情讴歌俄国十月革命。1918 年 3 月，他明确表示："二十世纪俄罗斯之共和，前途远大，其影响于人类之幸福与文明，将在十八世纪法兰西革命之上，未可以目前政象薄之。"1919 年 4 月，他发表《二十世纪俄罗斯的革命》一文，认为 18 世纪法兰西的政治革命、20 世纪俄罗斯的社会革命，都是"人类社会变动和进化的大关键"。

中国的五四运动是在俄国十月革命影响下发生的。陈独秀指出：十月革命以后，"中国人也受了两个教训：一是无论南北，凡军阀都不应当存在；一是人民有直接行动的希望。五四运动遂应运而生"。陈独秀在《每周评论》第 20 号发表《两个和会都无用》一文，表明对西方资产阶级民主政治的迷信完全破灭，指出，人类真正的幸福"非全世界的人民都站起来直接解决不可"。这无疑对正在兴起的五四爱国运动有着鼓动的作用。

5 月 4 日至 6 月上旬，《每周评论》密切关注五四运动发展情况，并连续出版三期"山东问题"特号，全文刊登《北京学界全体宣言》，系统介绍青岛问题的来龙去脉，揭露帝国主义对中国的侵略和北洋政府的卖国行径。陈独秀在《每周评论》上发表系列文章和随感录，号召人民行动起来。6 月 11 日，他到城南新世界游艺场，向群众散发由他起草的《北京市民宣言》。《宣言》提出收回山东主权、罢免卖国官僚、撤销警察机构、市民组织保安队、给予市民集会和言论自由等五条关于内政外交的最低要求，并表明：如果政府不顾市民的愿望，拒绝市民的要求，"我等学生、商人、劳工、军人等，惟有直接行动，以图根本之改造"。在散发传单时，陈独秀遭到逮捕。教育界等团体和社会知名人士纷纷向北京政府提出抗议，要求立即释放陈独秀，并发起营救行动。7 月 14 日，毛泽东在《湘江评论》创刊号发表《陈独秀之被捕及营救》一文，指明陈独秀的被捕，

1919年5月，《新青年》推出"马克思主义研究"专号

不但不能损及他的"毫末"，并且是"留着大大的一个纪念于新思潮，使他越发光辉远大"。文章最后说："我祝陈君至坚至高的精神万岁！"北洋军阀政府逮捕陈独秀，不仅未能遏制五四运动的洪流，反而促使社会各界通过各种营救活动广泛了解了陈独秀的反帝爱国行动和主张。9月16日，陈独秀获释出狱。李大钊高呼，这是"真理"战胜"强权和威力"，这是"光明"的"复启"。

五四运动改变了以往只有觉悟的革命者而缺少觉醒的人民大众的斗争状况，实现了中国人民和中华民族自鸦片战争以来第一次全面觉醒。在五四运动中，涌现出一批为追求民族独立和国家富强而积极探求救国救民真理的先进分子。数十万学生英勇地走在运动的前头，成为运动的先锋；工人阶级登上政治舞台，显示了强大的力量。陈独秀在报刊上发表文章，同许多社团组织和进步青年密切联系，积极指导和推动运动的发展。毛泽东说："在五四运动里面，起领导作用的是一些进步的知识分子。大学教授虽然不上街，但是他们在其中奔走呼号，做了许多事情。"毛泽东认为陈独秀"是五四运动时期的总司令，整个运动实际上是他领导的，他与周围的一群人，如李大钊同志等，是起了大作用的"。经过五四运动的洗礼，越来越多的中国先进分子集合在马克思主义旗帜下。以陈独秀、李大钊为代表的一批具有初步共产主义思想的知识分子，很快成为创建中国共产党的发起人。

星星之火

1920 年 2 月，为躲避反动军阀政府的迫害，陈独秀从北京秘密迁移上海。陈独秀到上海不久，就到工人群众中宣传马克思主义。他先到码头工人中了解罢工情况，到中华工业协会等劳动团体做调查。他还约请北京大学进步学生和革命青年深入工人中间，了解工人的状况。

1920 年初，陈独秀决定将《新青年》第 7 卷第 6 号编辑成《劳动节纪念号》。其中有陈独秀的两篇文章。在《劳动者底觉悟》一文中，他犀利地指出："我以为只有做工的人最有用最贵重"，"社会上各项人，只有做工的是台柱子，因为有他们的力量才把社会撑住"。他运用马克思主义关于劳动创造世界的观点，分析工人的状况和地位，并向他们指明"觉悟"的步骤和本阶级的历史使命。这反映出此时的陈独秀已经能够运用历史唯物主义的方法分析和研究中国的实际问题。在《上海厚生纱厂湖南女工问题》一文中，他运用马克思剩余价值学说，分析资本家对工人创造的剩余价值

《新青年》推出的
《劳动节纪念号》

的掠夺，指出："像现在个人的工业，牺牲了无数的穷苦工人，利益都集中到少数的资本家个人手里"，"这实在是清平世界里不可赦的罪恶！"4月中旬，他联合七个工界团体筹备召开世界劳动节纪念大会，并在筹备会上发表《劳工要旨》演讲。他受到工界团体的尊敬和拥戴，被推选为筹备会顾问。在他的指导下，上海各业5000多名工人于5月1日举行集会，提出"劳工万岁"等口号，通过《上海工人宣言》。此后，陈独秀主持创办《劳动界》《伙友》等刊物，向工人宣传马克思主义，以启发工人的觉悟，组织真正的工会。8月，他在《劳动界》上发表《真的工人团体》一文，号召工人"自己联合起来，组织真的工人团体"，以求"改进自己的境遇"。

陈独秀在斗争实践和探索中逐步确立了对马克思主义的信仰，并以俄国十月革命为楷模考虑中国的实际问题，实现了由激进民主主义者向马克思主义者的转变。

《共产党》月刊创刊号

1920年9月，陈独秀发表长文《谈政治》，指出："我承认用革命的手段建设劳动阶级（即生产阶级）的国家，创造那禁止对内对外一切掠夺的政治法律，为现代社会第一需要。"这些言论和行动表明，他已经把立足点移到无产阶级一边，已经站到马克思主义的立场上来。

11月7日，他在《共产党》月刊第1号发表短言，旗帜鲜明地表示要跟着俄国共产党走。他说："要想把我们的同胞从奴隶境遇中完全救出，非由生产劳动者全体结合起来，用革命的手段打倒本国外国一切资本阶级，跟着俄国的共产党一同试验新的生产方法不可。"《新青年》与当时秘密编辑发行的《共产党》月刊（李达任主编）互相配合，为中国共产党的成立作了理论上的准备。

陈独秀、李大钊等在传播马克思主义、发动和组织工人过程中，积极开展建党工作。1920年5月，陈独秀在上海发起成立马克思主义研究会。该会同3月李大钊主持成立的北京大学马克思学说研究会一起，从上海、北京分别向各地辐射，先后同湖北、湖南、浙江、山东、广东、天津和海外一批受过五四运动影响的先进分子建立联系，促进了马克思主义的广泛传播。6月，陈独秀同李汉俊、俞秀松等人开会商议，决定成立党组织，初名"社会共产党"，起草了十条党的纲领草案，其中包括运用劳工专政、生产合作等手段达到社会革命的目的等。关于党的名称，陈独秀征求李大钊的意见，李大钊主张定名为"共产党"，陈独秀表示同意。

1920年8月，共产党早期组织在上海法租界老渔阳里2号《新青年》编辑部成立，陈独秀担任书记。11月，陈独秀同共产党早期组织成员拟定《中国共产党宣言》，指出"共产主义者的目的是要按照共产主义者的理想，创造一个新的社会"。为达此目的，就要"组织一个革命的无产阶级的政党——共产党。共产党将要引导革命的无产阶级去向资本家争斗，并要从资本家手里获得政权——这政权是维持资本家的国家的；并要将这政权放在工人和农人的手里，正如一九一七年俄国共产党所做的一样"。上海共产党早期组织通过写信联系、派人指导或具体组织等方式，积极推动北京、武汉、长沙、广州、济南，以及旅日、旅法华人中的共产党早期组织的建立，实际上起了中国共产党发起组的作用。在各地共产党早期组织积极推动下，在共产国际帮助下，中国共产党的成立提上日程。

1921 年 7 月 23 日，中国共产党第一次全国代表大会在上海召开，最后一天的会议转移到浙江嘉兴南湖举行。中共一大宣告中国共产党正式成立，中国历史由此掀开崭新一页。

最早机关

中共一大召开后，中共中央局机关在老渔阳里 2 号办公，这里成了最早的中共中央局机关所在地。

1921 年 9 月，陈独秀从广州返沪主持中央局工作，仍然住在老渔阳里 2 号，经常在这里与李达、张国焘等讨论党的工作。由于《新青年》经常发表介绍宣传俄国十月革命、马克思主义和社会主义

陈独秀在二楼的书房

的文章，引起了法租界巡捕的注意。当年 10 月，法租界巡捕房突然查抄老渔阳里 2 号，陈独秀及妻子高君曼，以及包惠僧、杨明斋、柯庆施同时被羁押。

陈独秀被捕后，社会各界纷纷组织营救。马林还专门请了律师，李达、张太雷等人也纷纷想办法，陈独秀等最终获得保释。法租界以《新青年》有"过激言论"为由，销毁抄没书籍，并罚款 100 元结案。

1922 年 8 月，中共二大闭幕不久，法租界又在老渔阳里 2 号将陈独秀逮捕，罪名仍然是"违背禁令"在家中藏有违禁书籍。陈独秀两度被捕后，社会进步人士极为愤慨，许多期刊刊发《为陈独秀被捕敬告国人》宣言。在各方努力下，中法会审官最终以"宣传布尔什维克主义"罪名，要求陈独秀交罚款保释。

二度出狱后，出于安全考虑，陈独秀离开了老渔阳里 2 号，这里也完成了它的历史使命。

相关链接——其他编辑部、印刷所旧址

除了《新青年》编辑部，在党的历史上，坐落于上海的又新印刷所、中共中央秘密印刷所、《布尔塞维克》编辑部等也在传播马克思主义思想等发挥了重要作用。

又新印刷所旧址位于上海市黄浦区复兴中路 221 弄（原辣斐德路成裕里），是一幢砖木结构的旧式里弄建筑。这是首部《共产党宣言》中文全译本诞生地。1920 年 7 月，陈独秀在此建立了一个小型印刷所，取名又新印刷所，寓意"日日新，又日新"。同年 8 月，又新印刷所承印《共产党宣言》中文全译本初版 1000 册。首版《共

又新印刷所旧址

中共中央秘密印刷厂旧址

产党宣言》封面为红色，将标题错印成"共党产宣言"。9月，再版印1000册，封面为蓝色。两版《共产党宣言》很快都售罄了。后续这里还承印了《马克思资本论入门》等书籍，《新青年》《共产党》等进步刊物和各种小册子传单等。2020年起，由上海黄浦区委宣传部牵头，启动了旧址的修缮保护工作。同年10月15日，旧址建筑平移工作完成。"又新印刷所旧址"平移了128.9米。

　　中共中央秘密印刷厂旧址位于上海市黄浦区新昌路99号（新昌小区内），是一幢坐西朝东、砖混结构的沿街三层公寓式建筑。1930年初，中共中央出版发行部经理（部长）毛泽民同志在此筹建中共中央秘密印刷厂，主要是翻印苏区来的文件、文章，印制有关宣传形势、斗争情况的传单，同时还曾印刷、出版过《党的建设》《红旗周报》《布尔塞维克》《实话》等刊物，直至1932年夏。旧址当年二楼为住房，三楼为印刷、装订车间，底层开了一间烟纸店，印刷厂负责人钱之光以老板身份作掩护开展工作。之后，为了避免引起怀疑，印刷厂先后又迁到麦特赫斯脱路（今泰兴路）、武定路、张家宅路等地。2014 年 4 月，上海市人民政府核定并公布中共中央秘密印刷厂旧址为上海市文物保护单位。

《布尔塞维克》编辑部旧址，位于上海市长宁区愚园路 1376 弄 24 号（原亨昌里 418 号），是一幢假三层结构新式里弄住宅。建于 1925 年，占地面积 75 平方米，建筑面积 224 平方米。1927 年党中央机关刊物《布尔什维克》在这里创刊。1927 年大革命失败后，中共中央机关刊物《向导》被迫停刊。中央机关从武汉迁上海后，决定继《向导》后重新出版中央机关刊物，定名《布尔塞维克》。编委会由瞿秋白、罗亦农、邓中夏、王若飞、毛泽东、周恩来等 26 人组成。瞿秋白为《布尔塞维克》题写刊名，并直接领导编辑部工作。

《布尔塞维克》编辑部旧址展厅一角

之后，李立三、张闻天先后担任过编委会主任。1927 年 10 月创刊至 1932 年 7 月，共编辑出版 52 期。《布尔塞维克》是中共中央早期机关理论刊物，是重要的舆论宣传阵地，为处于革命转折关头的共产党人指引方向，在中国革命历史上产生过重要的影响。编辑部旧址现为长宁区革命文物陈列馆，上海市级文物保护单位。2021 年 3 月，入选上海市第一批革命文物名录。

第二章　伟人足迹寻初心

——1920 年毛泽东旧居、
上海茂名路毛泽东旧居

　　1920 年毛泽东旧居位于安义路 63 号（原哈同路民厚南里 29号），是一幢沿街的坐南朝北砖木结构两层楼房，楼下是客堂间，放着一张方桌和几把椅子，用来会客和吃饭。楼上是卧室，放着两张

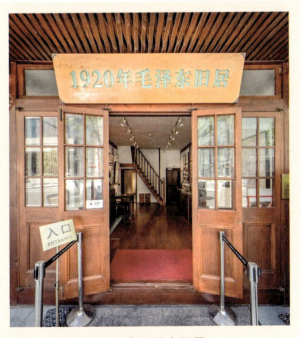

1920 年毛泽东旧居

上海茂名路毛泽东旧居

床，一只茶几和一张桌子。1920年毛泽东到上海时就住在这里，睡在靠北的落地长窗旁的板床上。

上海茂名北路毛泽东旧居位于茂名北路120弄7号（原慕尔鸣路甲秀里318号），是一幢石库门房子，有天井、客堂、前楼和厢房等。1924年毛泽东来沪，除继续担任中共中央局秘书、协助陈独秀处理中共中央的日常工作外，还参与领导国民党上海执行部的工作，维护国共合作。当年的6月至12月，毛泽东同夫人杨开慧、两个孩子毛岸英和毛岸青以及岳母向振熙老人一家五口寓居于此。甲秀里是毛泽东在上海居住时间最长的一处。

简朴生活

毛泽东与上海有着十分密切的联系，一生中曾 50 多次到上海。他在上海参与了党的创建，运筹决策了上海解放，制定了上海建设大计，等等。

1919 年 3 月 14 日，毛泽东第一次来到上海，与萧三、朱少屏、吴玉章一道，到杨树浦轮船码头为赴法留学者送别。第二次来上海是当年的 12 月中旬，毛泽东率领驱逐军阀张敬尧运动代表团前往北京争取舆论支持途中，从武汉绕道上海，为准备前往法国勤工俭学蔡和森、向警予、蔡畅等送行。当时，蔡和森等启程时间推迟，为了顺利完成"驱张"任务，毛泽东没有等到友人出发，便匆匆北上了。

1920 年 4 月，毛泽东以"驱张"代表团成员的身份，从北京前往上海。第三次去上海，毛泽东体会到了"行路难"：他要到上海，却"只有到天津的车票"，他"不知道怎样可以走下去。不过，中国有句老话，'天无绝人之路'"，一位同学借了十块钱给他，使他能买票到浦口。他后来回忆说："不过当我到达浦口以后，又是一文不名了，而且车票也没有。没人有钱借给我，也不知道怎样才可以离开这个地方。不过最倒霉的就是一个贼偷去了我仅有的一双鞋子！啊呀！怎么办呢？""我的运气非常好。在车站外面，我碰到一个湖南的老友，他借给我足够买一双鞋子和到上海车票的钱。到了上海后，我才知道已募有一大笔款子资助学生留法，并且可以资助我回湖南。"他在给同乡、老师黎锦熙的信中说："京别以来，二十五天才到上海。"

1920 年 5 月 5 日，毛泽东终于抵达上海，住在静安区原哈同花园附近的哈同路民厚里 29 号（今安义路 63 号）。同住的还有李思安、李凤池、陈书农等。据李思安回忆，毛泽东到上海以前，这个房子是她出面租赁的，用来作为湖南新民学会会员到上海活动时的住处。她还回忆说，毛泽东和随同来沪的 15 岁的张文亮住在前楼正房，房内有两张单人木板床，毛泽东的床铺横放在落地长窗下，床头有一张方形茶几，上面堆放着各种报刊。小阳台上放置一张藤睡椅，毛泽东常坐在上面看书。不久，她也搬了进来，住在灶间。楼下店堂不住人，供吃饭和会客、开会之用。靠近楼梯的地方，有一

寓所楼上毛泽东的卧室

圆形柴炭风炉，炭篓放在楼梯底下。所有家具，都是东租西借凑合起来的。

在这里，毛泽东过着十分简朴的生活。他们每人每月仅有 3 元零用钱，四个人轮流做饭，常吃蚕豆煮饭。生活难以为继，解决得靠自己——参加上海工读互助团。毛泽东参加的项目是为人洗衣服。他在给友人的信中，如此诉说自己工读生活的困境："因为接送（衣服）要搭电车，洗衣服所得的钱又转耗在车费上了。" 6 月 7 日，毛泽东写信告诉北京的黎锦熙："工读团殊无把握，决将发起者停止，另立自修学社，从事半工半读。"

即使在这样的条件下，毛泽东在这里每天都要阅读各地的报刊和书籍。毛泽东在这里居住了两个多月，先后在报刊上发表《湖南改造促成会发起宣言》《湖南建设问题的商榷》《湖南人民的自决》等文章，掀起反对军阀张敬尧的革命风潮。6 月底，军阀张敬尧被逐出湖南，"驱张运动"取得胜利。

半淞送友

纵然生活条件十分艰苦，毛泽东没有忘记此次到上海的目的：一是虽然张敬尧被驱出湖南只是时间问题，可他终究没有走，还得再烧一把火。二是既然张敬尧被驱出湖南只是时间问题，那么这之后的湖南向何处去？他要与旅沪新民学会会员、湘籍名绅商量。后来，他们果然组织了湖南改造促进会，由彭璜任会长。三是他要为将赴法勤工俭学的新民学会会员陈赞周、萧子璋（三）等六人送行。

到上海后的第四天，1920 年 5 月 8 日，毛泽东就与在沪新民学会会员彭璜、李思安等在半淞园聚会，为陈赞周、萧子璋等六位会友送行。

半淞园，是当年上海一处有名的私家园林。资料记载，半淞园位于黄浦江江边码头附近。园内有听潮楼、留月台、鉴影亭、迎帆阁、江上草堂、群芳圃、又一村、水风亭等，长廊曲折环水，环境十分雅致。这里贴近黄浦江，故将江水引入园中，以水为主景，并应唐代大诗人杜甫"焉得并州快剪刀，剪取吴淞半江水"的诗句，也就取园名"半淞"。数年后，园子西部被自来水公司购去，建成自来水厂。1937 年"八一三"事变中，半淞园在日军飞机的轰炸下被夷为平地，以后也没有重建。如今，半淞园只是一个历史的记忆。

当年，毛泽东等人入园后先是驾舟游湖，后又登山望远，淞江半水，绿草碧波，望之不尽，心旷神怡。在这里，他们详尽地讨论了新民学会的任务、活动原则、入会手续等问题。会议认为学会应采取"潜在务实、不务虚荣、不出风头"的作风，吸收新会员要具备"纯洁、诚恳、奋斗、服从真理"四项条件。在会内要养成好学的风气。会议一直开到晚上才散。中间休息时，参加会议的毛泽东、彭璜、陈绍林、萧三、熊光楚、劳启荣、周敦祥、刘明俨、张百龄、欧阳泽、李思安、魏壁等 12 人在蒙蒙细雨中合影留念。毛泽东在《新民学会会务报告》中说："这日的送别会，完全变成一个讨论会了。"

次日，毛泽东等前往码头为萧子璋、劳启荣等六位新民学会会员赴法国勤工俭学送行。

渔阳深谈

环龙路 2 号老渔阳里（今南昌路 100 弄老渔阳里），虽然前面有个"老"字，其实这条弄堂并不老，至 1920 年建成不过 7 年时间。为了和霞飞路（今淮海中路）与它相通的新渔阳里有所区别，于是它就变成了老渔阳里。老渔阳里排列着二三十幢一客堂一天井、私密性很好的两层楼石库门公寓。老渔阳里 2 号是安徽督军柏文蔚的公寓，1920 年初他把寓所让给了他的安徽老乡陈独秀居住，陈独秀将他的《新青年》杂志编辑部也搬到了这里。此刻他正和北京的李大钊紧密联系，筹备建立一个新的政党。在他的身边围聚着一批当时中国最先进的知识分子——李达、李汉俊、陈望道、俞秀松、施存统等。

此次沪上行，毛泽东也风尘仆仆来到了这里。

陈独秀关注湖南，器重毛泽东。1920 年 1 月 5 日，他在《欢迎湖南人底精神》一文中写道："湖南人底精神是什么？'若道中华国果亡，除非湖南人尽死'。无论杨度为人如何，却不能以人废言。湖南人这种奋斗精神，却不是杨度说大话，确实可以拿历史证明的。"他从《湘江评论》、"驱张"运动和与毛泽东的交谈中，已经感触到湖南人的奋斗精神，已在毛泽东这样"可敬可爱的青年身上复活了"。他热情讴歌："我们欢迎湖南人的精神，是欢迎他们的奋斗精神，欢迎他们造的桥，比王船山、曾国藩、罗泽南、黄克强、蔡松坡所造的还要雄大精深得多。"

在老渔阳里，毛泽东与陈独秀两人真诚相见，无话不说。陈独秀谈了自己的建党计划，毛泽东谈了自己对读过的马克思主义书籍的想法。据蔡和森记载，毛泽东的《体育之研究》在《新青年》上刊登以后，他和蔡和森有过一次长谈。他说："冲决一切现象之网罗，发展其理想之世界，行之以身，著之以书，以真理为归，真理所在，毫不旁顾。前之谭嗣同，今之陈独秀。其人若魄力雄大，诚非今日俗学所可比拟。"据李思安回忆，在回湖南前，他们"告别时，陈独秀再次肯定：你们的计划如能实现，也是建党的最好准备"。毛泽东、彭璜激动地说：我们也想在这些工作的基础上，在你的指导下，再着手建立"共产党"，今后还有许多事要请你指导。陈独秀点点头，说："多联系。"这就是说，湖南列入了陈独秀的组党计划。

受到李大钊演讲和文章的影响，毛泽东逐步接受马克思主义理论，而在上海与陈独秀的多次谈话，则对毛泽东坚定马克思主义信仰起了重要推动作用。毛泽东在同斯诺谈话时曾回忆道："我第二次（注：实为第三次）到上海去的时候，曾经和陈独秀讨论我读过的马克思主义书籍。陈独秀谈他自己信仰的那些话，在我一生中可能是关键性的这个时期，对我产生了深刻的印象。""我一旦接受了马克思主义是对历史的正确解释以后，我对马克思主义的信仰就没有动摇过。""到1920年夏，在理论上，而且在某种程度的行动上，我已成为一个马克思主义者，而且从此我也认为自己是一个马克思主义者了。"

未寄的信

在上世纪二三十年代的上海，建于 1915 年的慕尔鸣路甲秀里 318 号（今茂名北路 120 弄 7 号）是众多石库门中普通的一幢，不绚丽不张扬，居者进进出出，上演着寻常生活的种种景象。这样一幢普通的建筑却有着不寻常之处：这里是毛泽东和夫人杨开慧带着孩子们曾经住过的地方。

杨开慧在沪期间与长子毛岸英、
次子毛岸青三人唯一的合影

1923 年 6 月，中国共产党在广州召开了第三次代表大会。在随后举行的中共三大一次会议上选举出了中央局五位成员：陈独秀、毛泽东、罗章龙、蔡和森、谭平山。后因工作需要，又增补王荷波。毛泽东第一次进入中央局并担任中央局秘书，协助陈独秀处理中央日常工作。1924 年 1 月 20 日，国民党第一次全国代表大会在广州召开。根据共产国际的指示及党的三大决议：中共党员可以以个人身份加入国民党，并在国民党内担任工作。于是在国民党一大选出的中央执委中，李大钊等当选为中央执委，林伯渠、毛泽东、瞿秋白等多人当选为候补执委。中共三大以后，党中央机关搬回到上海。1924年2月中旬，毛泽东再次来到上海。

当时，毛泽东除了担任中共中央局秘书外，同时担任国民党上海执行部执委、组织部秘书、文书科主任等职。当年6月，毛泽东夫人杨开慧，两个孩子毛岸英、毛岸青以及岳母向振熙也来到这里，并共同居住到年底。

毛泽东的工作地点环龙路44号国民党上海执行部距离居住地不过1公里，他每天往返，工作是辛劳的，但家庭生活却十分快乐。杨开慧带着两个孩子相夫教子，毛泽东还时不时地委托她到工人夜校去讲课，教授工人文化知识，有时他还抱着大儿子毛岸英在课堂里听夫人上课。一直到1924年末，他因身体原因辞去了在上海执行部的工作，带着妻儿一起回到了湖南。1924年的沪上行是毛泽东在上海住得最长的一次，也是伟人的一生中难得的温馨时刻。

慕尔鸣路甲秀里318号，原为蔡和森与向警予的住所，杨开慧带着母亲、孩子来与毛泽东团聚后，蔡和森与向警予就搬到楼上，把一楼房间让出来。楼下有前后厢房及一间客堂。前厢房是毛泽东与杨开慧的卧房，如今屋内的家具摆设都是仿照原来的样式制成的：实木雕花的书桌、衣柜，床的旁边有一个摇篮，是当时刚出生不久的毛岸青睡的，上面是蓝底白花的小棉被；大床上的物品都是白色的。当时毛泽东经常在这里工作到深夜，而杨开慧则在一边帮他誊写文书。后厢房是杨开慧的母亲、向警予的姑妈向振熙的卧房，如今摆放的家具都是上世纪二三十年代的式样。由于毛泽东、杨开慧工作繁忙，他们年幼的两个孩子平时就由向振熙照顾。厨房里有自来水龙头，与通常圆形的煤球炉不同，这里的煤球炉是方形的，因为是用火油箱改的。客堂放着八仙桌和几张方凳，是毛泽东一家吃饭和会客的地方。

"他是幸运的，能得到我的爱，我真是非常爱他的哟！……谁把我的信带给他，把他的信带给我，谁就是我的恩人。"在实物展示区，杨开慧的手稿中字里行间透露出对丈夫的深深爱恋及思念。据悉，这段话是杨开慧在与毛泽东1927年分离后所写，此时距离杨开慧牺牲只有10个月的时间。令人唏嘘的是，当这份手稿在杨开慧故居被发现时，毛泽东已经离开人世。他终究没能收到爱妻沉甸甸的思念。

在这段文摘的下方，有一份泛黄的手稿，名为《给一弟的信》。据介绍，1929年，当杨开慧得知朱德的夫人被国民党残忍杀害并挂头示众后，就感觉到死亡的威胁。于是她写信给堂弟杨开明，希望

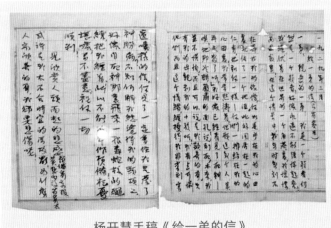

杨开慧手稿《给一弟的信》

以书信的方式托孤。可惜的是，这份"遗嘱样的信"最终也没有寄出，直到 1982 年才重见天日。这些珍贵的文字，让前来参观的观众得以走进杨开慧生命最后三年的内心世界，窥见她作为革命者、作为妻子、作为母亲的心路历程。

相关链接——《湖南建设问题条件商榷》

湖南建设问题条件商榷

（一）军政

（1）废"督军"，设"军务督办"驻岳阳。

（2）军队以一师为最高额，分驻岳阳、常德、衡阳。属之由省立各学校组织而成之省城治安，以隶属省长之警察维持之，绝对不驻兵。各县治安，以隶属县知事之警察维持之，废除警备队及镇守使名目。教育经费原额，以后应时增加。

（3）军费支出总额，至多不得超过省收入总额十二分之一。

（二）财政

（1）银行民办。银行发行纸币基金，由省议会监督存储基金额与纸币发行额之比例，由省议会议定。

（2）举办遗产税、所得税及营业税两年来新加各苛税。

（3）民办"湖南第一纺纱厂"。

（三）教育经费

（1）恢复民国二年。

（2）确定来源。

（3）保管权教育经费保管处。

（四）自治

（1）恢复并建设县、镇、乡自治机关。

（2）成立并公认县、镇、乡工会。

（3）成立并公认县、镇、乡农会。

（五）完全保障人民集会、结社、言论、出版之自由

（六）在最快期内，促进修竣粤汉铁路之湖南线

　　　　　　　　　　提出者　湖南改造促成会

　　通信处　上海法租界八仙桥永乐里全国各界联合会　彭璜

第三章　真理味道分外甜

——《共产党宣言》展示馆
（陈望道旧居）

《共产党宣言》展示馆（陈望道旧居）位于上海市杨浦区国福路
51 号。这栋小楼的二、三层曾是陈望道 1956 年到 1977 年在复旦大
学的寓所。旧居于 2014 年入选上海市文物保护单位，由中共上海市

《共产党宣言》展示馆（陈望道旧居）

委宣传部和复旦大学发起，上海市教育委员会和上海市教育发展基金会参与，辟建为《共产党宣言》展示馆，作为复旦大学校史馆专题馆，长设"宣言中译　信仰之源"主题教育展。

展馆分为两大主题陈设："宣言中译　信仰之源"展示《共产党宣言》的诞生、中译和影响，彰显上海红色起源地的精神与传承；"千秋巨笔　一代宗师"介绍《共产党宣言》中文首译本译者陈望道的生平事迹，勾勒陈望道作为社会活动家、教育家、思想家、学者的光辉人生。

望道其人

陈望道

陈望道（1891 年 1 月 18 日—1977 年 10 月 29 日），浙江义乌人，《共产党宣言》中文全译本首译者，五四新文化运动的积极推动者，著名的社会活动家、修辞学家、语言学家、教育家，参加中国共产党的创建。中华人民共和国成立后，曾任复旦大学校长、全国人大常委、全国政协常委、民盟中央副主席等职。

陈望道 1914 年进杭州之江大学读书，1915 年留学日本，1919 毕业于日本中央大学法科，同年回国后在浙江第一师范学校任教。在该校曾负责主编《浙江第一师范校友会十日刊》，被誉为五四时期浙江的一颗明星。

1920 年，他在上海与陈独秀等发起马克思主义研究会和上海共产党早期组织。同年 8 月，上海社会主义青年团成立，陈是早期成员之一。11 月，他参加上海共产党早期组织出版的内部理论刊物《共产党》月刊的创刊工作。12 月，担任《新青年》月刊（时为上海共产党早期组织公开的机关刊物）主编。同时，陈和邵力子将《觉悟》转变为中共的外围刊物，这两份刊物成为中共的重要舆论阵地。1921 年 11 月，中国共产党成立中共上海地方委员会，陈望道担任第一任书记，至次年 6 月辞职。

中华人民共和国建立后，陈望道历任华东军政委员会（后改称华东行政委员会）文化教育委员会副主任兼文化部长，华东高教局局长，复旦大学校务委员会副主任委员、主任委员、校长，中国科学院哲学社会科学学部委员，上海哲学社会科学联合会主席，上海语言学会会长，上海文字改革学会主席，国务院科学规划委员会语言组副组长，《辞海》编辑委员会总主编等职。著有《修辞学发凡》，被誉为中国现代修辞学的里程碑。另著有《作文法讲义》《美学概论》《因明学》《文法简论》等。

1977 年 10 月 29 日，陈望道逝世，享年 86 岁。1980 年 1 月 23 日，根据党中央的指示精神，中共上海市委组织部在上海市革命公墓举行为陈望道同志骨灰盒覆盖党旗仪式。

历史重任

1848 年 2 月，《共产党宣言》正式发表，这是第一次全面阐述科学社会主义原理的伟大著作，矗立起一座马克思主义精神丰碑。

百年前，《每周评论》《国民》等进步刊物，都对《共产党宣言》进行过摘译，然而《共产党宣言》的中文全译本却没有问世。1917 年俄国十月革命的胜利和 1919 年五四爱国运动的爆发，推动了马克思主义在中国的广泛传播。

1919 年，时年 28 岁的陈望道被邀请以中文全文翻译《共产党宣言》。1920 年 4 月，陈望道参照日文版和英文版翻译完成中文版

各种译本《共产党宣言》的封面

《共产党宣言》。同年8月，首个《共产党宣言》中文全译本在上海出版，为引导大批有志之士学习了解马克思主义，树立共产主义理想、投身民族解放事业发挥了重要作用。不到一年，中国共产党在上海诞生。

我国最早介绍《共产党宣言》的《万国公报》

为什么翻译《共产党宣言》的历史使命落在陈望道身上？在他身上，满足了三个条件：

陈望道是共产主义思想的追随者。作为追求爱国救国之路的青年人，他很早就接触到进步思想。对于《共产党宣言》，陈望道并不陌生。早在日本留学时，他就阅读过《共产党宣言》等马克思主义著作的日文译本。受此影响，他很快接受马克思主义思想。接到邀请后，陈望道当即表示同意。他说："若译出《共产党宣言》，对于传播马格斯（即马克思的旧译）主义岂不是大有裨益？"

陈望道是语言学家。他既是革命理论的探索者，同时也是语言大师，可以用白话文来翻译，从而让《共产党宣言》被当时的年轻人和有识之士迅速地学习、接受，并且能够研究和运用。陈望道的日语、英语俱佳。他在日本学习，日文当然非常好，他的英文也非常好，所以他得以用日文为底，对照着英文来研究和琢磨，而不是简单地从一种版本翻译而来。面对着几个版本，能够抓住《共产党宣言》的精气神，翻译得更加精准。

　　而促使他翻译《共产党宣言》的直接原因是历史上著名的"一师风潮"事件。陈望道后来在民盟市委庆祝中国共产党成立 40 周年座谈会上，回顾翻译《共产党宣言》的前后经历时讲道："这次查办斗争使我更加认识到所谓除旧布新并不是不推自倒、不招自来的轻而易举的事情。我也就在这次事件的锻炼和启发下，在事件结束之后，回到我的故乡浙江义乌分水塘村去，进修马克思主义，并且试译《共产党宣言》。"

　　这样，翻译《共产党宣言》的重大任务，历史性地落到了陈望道的肩上。

真理味道

"真理的味道非常甜。"习近平总书记多次讲述了陈望道在翻译《共产党宣言》时"蘸着墨汁吃粽子,还说味道很甜"的故事。

当时,由于北洋政府视马克思主义如同洪水猛兽,翻译工作只能秘密进行。身负重任的陈望道,带着《共产党宣言》英文译本和日文译本,回到家乡分水塘村,开始了翻译工作。

《共产党宣言》翻译成中文本身就很难,由于是中文首译,没有资料参考,而且要讲求通俗易懂,再加上环境十分艰苦,陈望道花了比平时译书更多的时间才完成翻译。

为了避免干扰,陈望道把自己"关"在老宅的一处柴房中,只身在两张长凳拼起的桌前奋笔疾书。除母亲张翠姐往来送饭外,再不容旁人打扰。

一天,张翠姐特意包了几个糯米粽子,并加上一碟红糖水,送入柴房内。担心儿子忘记吃饭,张翠姐在门外驻足片刻后,冲着屋内问道:"红糖够不够,要不要我再给你添些?"陈望道则答道:"够甜,够甜了!"不久,张翠姐进来收拾碗筷时,却发现盘中的红糖水丝毫未动,而儿子满嘴都是墨汁。原来,陈望道竟是蘸着墨汁吃掉粽子的!

甘之如饴,这就是真理的味道。

经过数月笔耕不辍,1920 年 4 月底,陈望道完成了《共产党宣言》翻译,返回上海。在陈独秀等人的帮助下,最终于同年 8 月出

陈望道译本《共产党宣言》第一版，
书名被错印成"共党产宣言"

版了《共产党宣言》中文全译本。

印刷时由于工人粗心疏漏，把封面书名中的"产"和"党"字的顺序颠倒了。约 1000 册的错版书被赠给当时的先进分子，大家争相传阅。一个月后，经过勘误的全译本第二版发行，很快销售一空。据统计，至 1926 年，这本《共产党宣言》已先后印行 17 版，累计售出数十万册。

陈望道或许不曾料到，他翻译的《共产党宣言》会在当时的先进分子中产生如此强烈的反响。他更没有料到，通过阅读《共产党宣言》等马克思主义著作，一大批先进分子完成了思想转变，成为坚定的马克思主义者。《共产党宣言》中文全译本的出版，不仅为引导大批有志之士树立共产主义远大理想、投身民族解放振兴事业发挥了重要作用，更为中国共产党的创立奠定了思想基础。

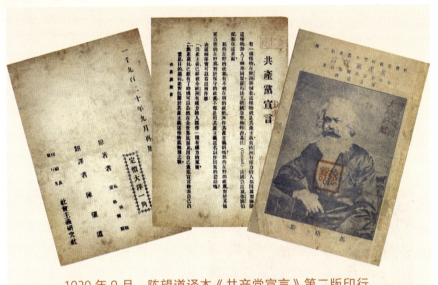

1920 年 9 月，陈望道译本《共产党宣言》第二版印行，
改正了首印本封面错印的书名，书名和马克思肖像也由红色改为蓝色

1921 年 7 月，中国共产党作为中国最先进阶级的政党跃上历史
舞台。此后，随着中国共产党党员队伍的不断壮大，马克思主义的
火种在越来越广阔的中国大地上燃烧。

在《共产党宣言》中文全译本出版五年后，这本书被辗转带到
山东广饶刘集村。由于封面上印有马克思的半身像，当时的刘集村
村民、共产党员刘良才把这本书叫做"大胡子的话"。在"大胡子
的话"影响下，刘集村 190 人走上革命道路，有据可考的烈士就有
28 人。

像刘集村这样，通过《共产党宣言》，越来越多的仁人志士了
解了马克思主义，汇聚到中国共产党的旗帜下，为实现民族解放、
国家富强，不屈不挠地奋斗、义无反顾地牺牲，谱写了无数壮丽的
诗篇。

追望大道

《共产党宣言》展示馆广场前的
陈望道雕塑

上海市杨浦区国福路的尽头，有一个占地300平方米左右的小院，院内一棵60多年树龄的香樟树，枝繁叶茂，树荫底下一座西班牙式的三层小楼风格古朴别致。1955年到1977年，复旦大学校长陈望道在这栋小楼里度过了22年岁月。

2018年5月，马克思诞辰200周年，也是《共产党宣言》问世170周年，复旦大学将陈望道旧居改造为《共产党宣言》展示馆，一批青年教师和学生组建"星火"党员志愿者服务队，面向广大师生和社会各界开展讲解服务。

2020年，《共产党宣言》首个中文全译本问世100周年，党的99周岁生日前夕，《共产党宣言》展示馆"星火"党员志愿服务队写信向习近平总书记汇报参加《共产党宣言》展示馆志愿讲解服务的经历和体会。

2020年6月27日，习近平总书记亲自回信，让这里的志愿服务队员备感振奋。习近平总书记在给复旦大学《共产党宣言》展示馆党员志愿服务队全体同志回信中写道：

"来信收悉。100 年前，陈望道同志翻译了首个中文全译本《共产党宣言》，为引导大批有志之士树立共产主义远大理想、投身民族解放振兴事业发挥了重要作用。现在，你们积极宣讲老校长陈望道同志追寻真理的故事，传播马克思主义理论，是一件很有意义的事情。希望你们坚持做下去、做得更好。

心有所信，方能行远。面向未来，走好新时代的长征路，我们更需要坚定理想信念、矢志拼搏奋斗。希望广大党员特别是青年党员认真学习马克思主义理论，结合学习党史、新中国史、改革开放史、社会主义发展史，在学思践悟中坚定理想信念，在奋发有为中践行初心使命，努力为实现'两个一百年'奋斗目标、实现中华民族伟大复兴的中国梦贡献智慧和力量。"

相关链接——《共产党宣言》情境教学馆

与《共产党宣言》展示馆一墙之隔，2021 年 6 月 24 日，在中国共产党百年华诞之际，国防大学政治学院"真理的历程——《共产党宣言》情境教学馆"正式落成。

教学馆紧紧围绕《共产党宣言》这一文本以及与之相关的重大历史事件，突出思想性和艺术性，体现时代性和参与性，强化吸引力和感染力，通过多元组合的展陈设计、真实质朴的场景复原、生动逼真的感官交互等形式来讲述《共产党宣言》的故事，从不同角度对《共产党宣言》进行立体化呈现。

《共产党宣言》情境教学馆序厅

情境教学馆以时间为线索，不仅呈现《共产党宣言》的文本内容，而且关联科学思想的伟大实践，立体展示《共产党宣言》所蕴含的真理力量。教学馆从马克思和恩格斯的伟大友谊开始，以《共产党宣言》真理力量的世界影响力为轴线设计六个部分的主题内容。

第一部分"革命导师：马克思和恩格斯"，通过马克思、恩格斯以及他们伟大友谊三个方面的内容，展示革命导师为人类事业而工作的一生。

第二部分"壮丽日出：《共产党宣言》的诞生"，以图文、场景等方式展示马克思和恩格斯所处的时代，揭示《共产党宣言》诞生的背景和条件。

第三部分是"红色经典：《共产党宣言》的精髓要义"，以《共产党宣言》的经典语句为引导，主要展示《共产党宣言》的四章内容和七个序言，重点阐释"两个必然"的逻辑、无产阶级的革命属性和共产党人的初心使命。

第四部分"革命风暴：《共产党宣言》与国际共产主义运动"，通过《共产党宣言》在欧美国家的传播、无产阶级革命风暴、社会主义国家的诞生等内容，展示《共产党宣言》的世界影响。

第五部分"伟大事业：《共产党宣言》与中国"，从《共产党宣言》传入中国开始讲起，展示《共产党宣言》在中国的早期传播、《共产党宣言》与新民主主义革命、与社会主义革命和建设、与改革开放和社会主义现代化建设、与中国特色社会主义新时代五个方面的内容，充分反映《共产党宣言》在中国的伟大实践。

第六部分"穿越时空：《共产党宣言》与人类未来"，以经典语录的方式，在时空隧道中展现科学思想的永恒魅力。这一部分的重点展项是人类命运共同体的大型浮雕，寓意中国共产党所倡导的人类命运共同体思想，是《共产党宣言》精神的时代诠释，指示着人类社会发展的前进方向。

《共产党宣言》情境教学馆内容展陈逻辑的一条"红线"就是"信仰"，这是教学馆的"魂"。《共产党宣言》是共产党人的一部"真经"，共产党人的初心和使命，就镌刻在这部"真经"中，共产党人读《共产党宣言》就是在寻找初心使命，就是在不断重温信仰之源。

第四章　风云际会树德里

——中国共产党第一次全国代表大会会址

中国共产党第一次全国代表大会会址（简称"中共一大会址"），位于上海市兴业路76号（原望志路106号）。20世纪20年代，李汉俊（上海共产党早期组织发起人之一）及其兄李书城（同盟会发起人之一）租用望志路106号、108号为寓所，将两幢房屋的内墙

上海兴业路76号

中国共产党第一次代表大会会址
全国文物保护标志

打通，成为一家，人称"李公馆"。1921 年 7 月 23 日，中国共产党第一次全国代表大会在此开幕。大会通过了中国共产党的第一个纲领和第一个决议，选举产生了中央领导机构，宣告了中国共产党的诞生。1952 年 9 月，中共一大会址修复，建立纪念馆并对外开放。

1961 年 3 月，国务院公布中共一大会址为全国重点文物保护单位。作为中国共产党诞生和发展的重要实物见证，中共一大会址成为举世瞩目的革命圣地。2017 年 10 月 31 日，习近平总书记带领中央政治局常委集体瞻仰中共一大会址并在宣誓大厅庄严宣誓，回顾建党历史，重温入党誓词，展示了新一届党中央领导集体的坚定政

中共一大纪念馆新馆

治信念。

2021 年 6 月 3 日，中国共产党第一次全国代表大会纪念馆全新开放，纪念馆位于上海市黄浦区黄陂南路 374 号，由中共一大会址、宣誓大厅、新建展馆等部分组成。"伟大的开端——中国共产党创建历史陈列"基本陈列展厅位于中共一大纪念馆新馆地下一楼，面积约 3700 平方米。共展出 612 件文物展品，较原先基本陈列展出的文物数量扩容 3 倍多。展览以"初心使命"贯穿全篇，共分为序厅、"前仆后继、救亡图存""民众觉醒、主义抉择""早期组织、星火初燃""开天辟地、日出东方""砥砺前行、光辉历程"和尾厅 7 个板块，综合采用多种展示手段，全面系统地展示了中国共产党的诞生历程。

相约建党

1921 年 6 月，上海已由春入夏，北京、武汉、长沙、广州、济南等地早已相继建立了共产党早期组织。在共产国际代表马林和尼克尔斯基的建议下，上海共产党早期组织成员李达、李汉俊分别向海内外的中国共产党早期组织去信，信中提出将在上海召开中国共产党第一次全国代表大会，商量建立中国共产党等事宜，要求各地选派两名代表参加。

接信后，各地早期党组织开始筹措准备。然而，6 月初，李大钊为北京大学教师讨薪时遭军警殴打，身负有伤，无法参加大会，并委托张国焘代表北京共产党早期组织参与大会筹备工作。张国焘在 6 月中旬率先赶到上海和李达、李汉俊一起做筹备工作。

中共一大纪念馆"南陈北李 相约建党"雕塑

张国焘在来沪的途中还曾在济南停留了一日，与济南党组织的王尽美、邓恩铭碰面谈话。在张国焘离开后，王邓二人也随之赶赴上海。较早到达上海的还有长沙代表毛泽东。他在接到李达的开会通知后，约了长沙共产主义小组的何叔衡一起前往，7月初便到了上海。

7月中旬已是盛夏，来自海内外7个共产党早期组织的代表陆续到达上海。北京代表除张国焘外，还有一位是19岁的北京大学学生刘仁静，李大钊无法前往，本应派邓中夏和罗章龙参加。然而当时邓中夏作为少年中国学生会员，赴重庆参加川东道属夏令讲学会，罗章龙则要赴二七机车车辆厂召开工人座谈会，搞工人运动，只好派刘仁静来沪。时过境迁，刘仁静后来在回忆录中感慨这个莫大的光荣就这样历史地落在了自己的头上。

参加中共一大的还有武汉的董必武、陈潭秋，广州的陈公博，

上海白尔路 389 号（太仓路 127 弄）博文女校旧址

旅日的周佛海，以及在沪的李达和李汉俊，共产国际代表马林和尼克尔斯基出席了会议。陈独秀因事务繁忙委派包惠僧与会。

这些代表都非常年轻，大多年龄在 35 岁以下，即使是最为年长的何叔衡，也不过 45 岁。代表的平均年龄只有 28 岁，正好是毛泽东当时的年龄。除原住在上海的代表外，毛泽东等 9 人就以北京大学暑期旅行团的名义住在白尔路 389 号博文女校，自此共产党早期组织的代表风云际会，齐聚上海树德里，就在这个弄堂里 106 号石库门的房子里拉开了中共一大会议的序幕。

激烈争论

1921年中共一大的召开宣告了中国共产党正式成立。这样一次具有划时代意义的大会，由于发生在列强当道、军阀横行的年代，不得不在秘密状态下举行。尽管如此，会议在召开的过程中，来自各地的代表就党的"纲领"和"决议"（草案）进行了热烈的讨论，对有的问题甚至产生了激烈的争论。最后，大会在充分发扬民主的基础上，通过了中国共产党第一个纲领和决议。

中共一大上的探讨和争论主要发生在第三、四、五次会议上。争论的内容主要涉及党的组织原则、现阶段的斗争目标和策略、对南北政府的态度和看法，以及党员能否做官等问题。关于建立一个什么样的党的问题，在一大会议上有两种不同的观点。一种观点以李汉俊为代表。据陈潭秋回忆说，李汉俊"不赞成组织严密的、战

《中国共产党第一个纲领》（首页）

斗的工人政党，而主张团结先进知识分子，公开建立广泛的和平研究马克思主义理论的政党"。不论"学生也好，大学教授也好，只要他信仰马克思主义，了解马克思主义与宣传马克思主义的即可入党。至于是否实际参加党的一定组织，担负党的一定工作，他（指李汉俊）认为是不关重要的"。李达、陈公博支持这一观点。多数代表支持另一种观点，认为应该根据马克思主义的理论和俄国布尔什维克的建党经验，反对无政府主义思潮和极"左"思潮对建党的影响，克服知识分子自由散漫的习气对党内生活的侵袭，主张建立一个高度集中统一的、有严格组织纪律的无产阶级政党。实际上，就在1921年2月，围绕党的组织原则问题，陈独秀和李汉俊就有过争论。李达曾回忆说："1921年2月，陈独秀起草了一个党章，寄到上海，李汉俊看到草案上主张党的组织采取中央集权制，对陈独秀甚不满意。"李汉俊"也起草了一个党章，主张地方分权，中央只不过是一个有职无权的机关。陈独秀看了李汉俊这个草案，大

复原的中共一大会议桌及桌上的陈设

发雷霆"。但李汉俊"态度坚决,不肯接受调停,并连书记也不做了"。最终,经过代表的认真研究和探讨,中共一大采纳了大多数人的意见,在一大通过的《中国共产党第一个纲领》中对党的组织原则作了这样的规定:"我党采取苏维埃的形式。"强调"党必须有严密的组织和严格的纪律,党员必须联系群众,完成党赋予的任务,党员的政治活动和工作必须得到党组织的领导,并注意保守党的机密"等。

斗争目标和斗争策略的制定是一个政党所要解决的重要问题。在中共一大会议上,代表在讨论党的现阶段斗争目标和策略问题时产生分歧,一种意见认为,"现在世界上有俄国的十月革命,还有德国社会党的革命;中国的共产主义究竟采取何种党纲和政纲,应先派人到俄、德国去考察,在国内成立一个研究机构,如马克思主义大学等,从事精深的研究后,才能作最后的决定"。当前党应该致力于马克思学说研究,让革命的知识分子掌握马克思主义,推行阶级教育,提高工人阶级的觉悟,进而推动无产阶级革命。现阶段,共产党可以参加资产阶级民主运动,应该支持孙中山的革命运动,在孙中山革命成功后,共产党人可以参加议会。持此观点的代表人物是李汉俊。另一种意见以刘仁静为代表,他认为"中国共产党应信仰革命的马克思主义,以武装暴动夺取政权,建立无产阶级专政,实现共产主义的最高原则"。当前应该积极从事工人运动,为共产主义革命做准备。李汉俊的意见成为大会讨论的焦点,大多数代表对李汉俊的观点持批评态度,主张中共应确立无产阶级专政的基本原则。李汉俊没有改变自己的观点,但表示可以服从多数人的意见。

关于如何对待南北政府及其他政党的看法和态度问题,代表们在对待北方军阀政府的态度上是一致的，认为军阀混战造成了国家的分裂和人民的困苦，是反动的，必须加以反对。在对待南方的广州政府和孙中山的国民党，代表出现了分歧。有代表认为，南方政府代表资产阶级的利益，南北政府是一丘之貉。孙中山举着革命的旗帜，迷惑群众，甚至比北洋军阀更危险。共产党不能和南方政府发生联系，更不能和国民党妥协共事。另一种看法是，孙中山自成立同盟会以来，进行的一系列革命活动是应该肯定的，孙文学说也有其进步意义，况且我们党的领袖还在广东政府任职。因此南北政府应区别对待，不能一概而论。最后，对南方政府和国民党的看法，会议未能达成一致。《决议》回避了对南方政府的分歧，而对包括国民党在内的其他政党，则明确主张实行排斥的不合作的态度。

在中共一大会议上还有个问题引起与会代表长时间的激烈争论，那就是共产党员能否在资产阶级议会当议员，到现政府做官。部分代表认为，无产阶级不可能短时间内获得政权，公开的政治活动必不可少。为了便于宣传共产主义思想，为了改善工人生活状况，为了为工人争取更多的自由权利，以便为将来的无产阶级革命做准备，挑选合适的党员参加资产阶级议会或到资产阶级政府去做官，把公开的和秘密的工作结合起来是必要的。陈公博、李汉俊等赞同这一观点。张国焘、刘仁静则认为，共产党参加议会，会使工人阶级对资产阶级议会产生幻想，结果会影响共产党的阶级性和纯洁性，涣散无产阶级的斗争意志。议会斗争既不能改变我们的状况，也不能为社会革命事业增添力量，反而有可能使我们党变成黄色党的危险。因此，共产党决不能和资产阶级合作。多数代表赞同这一观点。最后，在修改《党纲》条文时，争论双方都做了一些妥协和让步。《党纲》第 14 条规定："除为现行法律所迫或征得党的同意外，不得担任政府官员或国会议员，但士兵、警察、文职雇员不受此限。"（此条款引起激烈争论，最后留至 1922 年第二次会议再作决定）

中共一大是在反动统治的白色恐怖下秘密召开的一次具有重要历史意义的大会，代表们在大会上提出很多问题并展开讨论，各抒己见，表达自己的观点和主张，既有一致的认识，又有激烈的争论，充分体现了民主与集中的统一。

不速之客

中共一大召开期间发生过一次险情。1921 年 7 月 30 日晚 8 点，会议原定就要结束了，突然从后门闯进来一个陌生面孔、穿灰布长衫的不速之客，引发了所有与会者的疑惑和警觉。

屋子的二先生李汉俊与其的一番对话。

"你找谁？"

"我找社联的王主席。"

"这儿哪有社联，哪儿有什么王主席？"

"对不起。找错地方了。"那人用可疑的目光打量了全场，匆匆离去。

当时有着丰富秘密工作经验的马林，见状立即要求停止会议，代表各自分散离开会场，除了李汉俊和陈公博留下应对外，其他代表迅速从门前撤离。

马林

在代表们离开后不久，法租界的巡捕房果然派了 9 个人前来搜查，巡捕对李家进行了严密的搜查，足足两小时却只找到了一些公开的马克思主义书籍，其他一无所获，巡捕心有不甘，但知道这里是著名的李公馆，又没有搜查到真凭实据，只得悻悻离去。

是什么原因造成巡捕突然搜查呢？有一种说法认为这与共产国际代表马林有关。

马林，原名斯内夫利特，荷兰人，职业革命家。他是在共产国际第二次代表大会之后，受列宁指派来中国帮助建党的。1921年4月，马林途经维也纳时被当地海关抓住，关押6天后被驱逐出境。警方通过外交渠道，将马林的行踪向沿途各国和地区发出通告。因此，马林一到上海，租界当局就盯上了他，对他进行了严密跟踪。但也正是由于在维也纳被捕暴露身份的经历，马林的警惕性尤其高，当法租界密探突然闯入一大会场之后，机智的马林立即意识到这人是密探，并要求大家马上休会转移。

转移南湖

虽然躲过了一次危险，但又有一个难题摆在了代表们面前，接下来的会议如何安排，上海显然已经不够安全，有代表建议到杭州西湖，但大家讨论后认为西湖游人太多，容易发生意外，不宜前往。一大代表李达的夫人王会悟冷静地想了想，觉得自己的家乡是个比较理想的地方，便建议道："离家乡桐乡不远的嘉兴有个南湖，那个地方景色秀丽，但不像杭州西湖那样引人注目。不妨租一只画舫，扮作逛西湖途经嘉兴的游客。"代表都赞成王会悟的建议，会议地点的转移就这样确定下来了。

到南湖之后，毛泽东等代表们由王会悟陪同先到烟雨楼玩了一会儿，其目的是观察一下船停靠在哪里比较合适。一大代表上船后，

王会悟

王会悟还特意准备了一副麻将牌，放在代表们开会的桌上，并和他们约定，她一敲船板，他们就得打麻将。代表们在内舱开会，她则坐在船头望风放哨，充当会议的"哨兵"，见有其他游船靠近或出现巡逻艇时，就哼起嘉兴小调，用一把纸扇的柄敲敲船板，提醒代表们注意。代表们接到信号就把摆在桌面上的文件收藏起来，"呼啦呼啦"地搓起麻将牌。就这样，代表们在南湖游船上举

行了最后一次会议。党的一大通过了中国共产党第一个纲领和决议，选举产生了党的中央领导机构，宣告中国共产党正式成立。而王会悟作为中共一大唯一的会务及安保工作者，成了这次会议的幕后功臣，被后人誉为"红船哨兵"。

中国共产党的成立是中国历史上开天辟地的大事变，中国革命的面目从此焕然一新。

还原一大

由于中共一大在党史上的重要地位，中华人民共和国成立后，寻找一大会址成了上海市政府的重要任务之一。1951 年，会址经初步勘查后，市政府邀请一大代表李达亲自踏勘确认。1952 年将修缮后的旧址建为纪念馆，并在兴业路 78 号楼上布置一大会议室。但附近居民反映会址房屋已经改建，并非当年原状。董必武和李书城夫人踏勘视察后回忆，当年大会在 76 号楼下举行。经复查核实，会址于 1958 年重新按当年建筑原状修复，拆除改建时增添的厢房，会议室则布置在 76 号楼下。

那么中共一大的会场如何布置？翻阅代表的回忆，他们似乎对会场布置的记忆都较为含糊，有些甚至都记不清在楼上还是楼下召开。即使对此有些记忆的李达，也只描述了"会场布置很简单，只有一个大菜台围坐着十余人，代表席上放着几张油印的文件，没有张贴什么标语"，寥寥数语。

时光溯至 1921 年 4 月，日本有一位作家名为芥川龙之介，他在访问上海时曾拜访李汉俊，当时李汉俊与其兄李书城已住在此处。青砖红瓦，白粉勾缝，静谧而不失典雅的石库门楼房让芥川龙之介对这次拜访印象深刻，回国后便在《上海游记》中详细勾勒了李家，"会客室内一张长方形的桌子，两三把洋式椅子，桌上有盘子，里面盛着陶质的水果。除了这些梨、葡萄、苹果等粗制的仿制品外，没有任何赏目的装饰。但房间却一尘不染，朴素之气让我爽悦"。在芥

中共一大纪念馆藏的董必武题词"作始也简，将毕也巨"

川龙之介回味这幢房子时，他可能怎么也想不到，三个月后，中国共产党第一次全国代表大会在这里召开。

正是这个"回味"，让我们对一大会场有了进一步的了解。现在中共一大会址的复原会议室就是融汇了代表们的回忆和《上海游记》中的描述，只摆放了长方桌和洋式座椅，屋内简朴得没有多余的饰物。1956年董必武来到中共一大会址，看着朴素的会议场所不禁感慨万千，他引用毛泽东在中共七大上对一大的回忆，为中共一大会址纪念馆题词："作始也简，将毕也巨。"

相关链接——中国共产党第二次全国代表大会会址纪念馆、中国共产党第四次全国代表大会遗址

中共二大会址纪念馆位于上海市静安区老成都北路 7 弄 30 号（原南成都路辅德里 625 号），是一幢一楼一底老式石库门里弄住宅建筑，也是当时中央局负责宣传工作的李达的寓所。1922 年 7 月 16 日，中国共产党第二次全国代表大会第一次全体会议在此召开。这里又是党的第一个出版社——人民出版社所在地。

中共一大后，党的力量逐步发展壮大，对工人斗争的领导也在不断加强。同时，面对错综复杂的国内国际环境，为给身处黑暗的中国人民指出一条光明的道路，中国共产党迫切需要旗帜鲜明地提出自己的政治主张，迫切需要制定一个符合中国实际情况的具体的革命纲领。这些中共一大没有完成的任务，必须要由随后召开的第二次全国代表大会给出答案。

当时上海的政治环境十分严峻，选择一处相对安全的地方是一个难题。中央局最终选择南成都路辅德里 625 号作为开会地点，颇费一番心思。这里是李达和王会悟的寓所，深巷内前门后门都可通行，周围整片相同的石库门房屋，使得这一处湮没其中并不抢眼。而党创办的平民女校正对李达家的后门，万一突发情况，便于疏散。另外辅德里处于公共租界和法租界交汇处，是中共在上海尚未暴露的联络点，相对较为安全。

中共二大的召开，犹如一盏指路明灯，照亮了中国革命的伟大征途，正如中共二大会址门楣上，至今依然闪亮的四个大字"腾蛟起凤"，寓意中国共产党从此蛟龙腾跃，凤凰起舞。

在 2001 年庆祝建党 80 周年之际，静安区委、区政府对中共二大会议旧址进行修复。2002 年建立纪念馆并正式对外开放。2003 年被上海市人民政

中共二大会址纪念馆

府命名为"上海市爱国主义教育基地"。2017 年正值中共二大召开95 周年，也是第一部党章诞生 95 周年，纪念馆在对原址进行修缮的同时也将原有的基本陈列进行提升。

纪念馆以"紧扣主题、依托史料、贯穿主线、多元叙事"作为新展策划的指导思想，在原展厅布局基础上进行结构调整，优化陈列，扩大规模，力求打造成"石库门里的纪念馆"、"红色之源中心城区的地标"。

修缮后的中共二大会址纪念馆为两排东西走向的石库门里弄住宅建筑，砖木结构，完整保留了 1915 年始建时的建筑风貌。新馆展区由"序厅、中共二大展厅、中共二大会议旧址、党章历程厅、平民女校旧址展厅"五个展区组成。新馆的展陈风格庄重大气、巧中见精，通过人机互动的展陈方式和多媒体展示等交互手段，增设巨幅 LED显示屏，AR 增强现实技术，使党史知识传播更为深入浅出，丰富和

提升了观众的参观体验。向世人诠释了一个兼具地域特色与文化内涵的"石库门里的纪念馆"，真实再现中国共产党创建初期的峥嵘岁月。

位于虹口区东宝兴路 254 弄 28 支弄 8 号处，原建筑是一幢坐西朝东砖木结构假三层石库门住宅。1925 年 1 月 11 日至 22 日，中共四大在此召开。

中共四大使用的会场是中央委托宣传部的干事张伯简物色的。中央当时提出具体要求，会场不能安排在租界里，但又不能离租界太远，以便一旦发生异常情况，可以立即撤退和疏散到租界。张伯简按照这一要求，租借到了当时闸北铁路边一所空置的房屋。

1925 年 1 月 11 日，大会正式召开。陈独秀、蔡和森、瞿秋白、陈潭秋等 20 位同志代表全国 994 名党员参会。这次大会的中心议题是研究和讨论中国共产党如何加强对日益高涨的革命运动的领导、工人阶级如何参加民主革命运动以及党在组织上和群众工作上如何进行准备的问题。大会经过讨论，通过了 11 个决议案，修正了党的章程，发表了《中国共产党第四次全国代表大会宣言》。此次大会的重要意义在于明确提出了无产阶级在民主革命中的领导权问题和工农联盟问题，表明党对中国革命规律的认识又前进了一步。

中共四大会址原址毁于 20 世纪 30 年代日军炮火。中华人民共和国成立后，上海市有关部门进行了长期的查访。然而时隔数年，大家对此都没有太多印象，最终也没有一个确切的说法。1982 年《解放军画报》的一则报道，又打开了这个尘封的话题。《解放军画报》第 9 期刊登了一则关于中共四大会址的报道，此报道附了中共四大会址的照片与说明，照片的主体是横浜桥北岸的数间民房，文字说明为"图为'四大'会址——上海闸北横浜桥 6 号（四川北路横浜桥边的一座居民住房）"，这个报道是真实的吗？这是中共四大的会址吗？

幸运的是，"这次大会的记录人，自始至终参加了大会"的郑超麟拾起了回忆：中共四大会址不在横浜路桥，横浜路桥附近可能是1924年召开的一次党员大会，中共四大"会址是新租来的一栋三层石库门房子，地点在上海去吴淞的铁路旁边，当时是'中国地界'，但距越界筑路的北四川路不远。通过川公路可以到北四川路……我们都在后门出入，楼下客堂间怎样布置？我没有留下印象。会开完后，工人部拿去这栋房子做什么机关。""上海经过战争，铁路两旁破坏特甚，这幢房子恐怕已不存在了。即使存在，但因同类型的房子有好多幢，我也不能指实。房子是背靠铁路，面向四川北路的。"之后，郑超麟实地勘察，最终确认中共四大会址。1987年上海市政府颁发了106号文件，明确指出："中国共产党第四次全国代表大会

中共四大纪念馆

会址遗址（虹口区东宝兴路二百五十四弄二十八支弄八号）"。中共四大会址，扑朔迷离的面纱终于揭开。

1987年11月，上海市人民政府公布中国共产党第四次全国代表大会遗址为上海市革命纪念地点。2006年，在多伦路215号筹建中共四大史料陈列馆，同年7月1日正式对外开放。2011年，在虹口区委、区政府在市委、市政府的支持下，择址四川北路1468号筹建中共四大纪念馆。展馆总面积约3040平方米，基本陈列展厅面积约1839平方米，主要陈列有"风起云涌"、"历史丰碑"、"唤起工农"和"红色虹口"四大部分展厅，设计师在陈列设计中，综合考虑到陈列展览内容与建筑空间形态的互为依存关系。一方面，把上海市优秀历史建筑的展览场地的空间设置，围绕陈列内容和主题，通过超薄灯箱、模型、图标、壁龛、声光电相结合等艺术表现手法展示给观众；另一方面，融入代表中共四大原址建筑符号的墙壁作为展墙，实现了三位一体的整合效果。完整再现了1925年中共四大召开的生动场景。展览以上海老风貌石库门元素贯穿整个展线，观众穿过一扇扇石库门，仿佛置身于上世纪二三十年代的上海里弄中，体验沉浸式观展。

经过历时半年的重新布展提升，中共四大纪念馆于2021年5月31日以崭新面貌再次亮相。纪念馆的基本陈列展厅超过1800平方米，比之前扩大了一倍。设置了基本陈列展厅、国旗教育展示厅、电子浏览厅、"力量之源"书吧等。尤其是精心打造的上海首个国旗教育展示厅，通过挖掘整理诸多珍贵史料，不仅客观再现了国旗设计者曾连松生前工作、生活的场景，还通过最新的多媒体互动技术，重新展现开国大典和历年阅兵仪式的珍贵画面。

第五章　坚定不移跟党走

——中国社会主义青年团中央机关旧址

中国社会主义青年团中央机关旧址，位于上海市淮海中路 567 弄 6 号（原霞飞路新渔阳里 6 号），占地面积 779.8 平方米，为一幢两层两底砖木结构石库门建筑，原为戴季陶寓所，后杨明斋在此创办中俄通信社。1920 年 8 月 22 日，俞秀松等 8 位青年在这里发起创立中国第一个青年团组织——上海社会主义青年团。社会主义

中国社会主义青年团中央机关旧址（上海市淮海中路 567 弄 6 号）

中国社会主义青年团
中央机关旧址纪念馆

青年团如同一块巨大的磁铁，把广大青年紧紧吸引在一起，成为共产党的得力助手。

1986 年，共青团上海市委请示在渔阳里筹建中国社会主义青年团中央机关旧址纪念馆。1988 年，再次对渔阳里团中央机关旧址按原貌进行大修。2001 年，中共上海市委和共青团中央决定对团中央机关旧址进行全面改建和整修并成立旧址纪念馆；2004 年 4 月 26 日，纪念馆建成并对外开放。

旧址纪念馆建筑面积 1016.8 平方米，其中 1—5 号为纪念馆，分为"序厅""中国青年英模展厅""上海青年运动史展厅"（动态展厅）和"'渔阳里'团中央机关旧址历史展厅"四个部分。6 号建筑面积为 174.8 平方米，建筑风格属典型的上海石库门建筑，为团中央机关旧址的复原陈列。

经过 8 个多月修缮，在五四运动百年之际，"渔阳里"中国社会主义青年团中央机关旧址纪念馆改造落成，新增近 40 件文物，并复原了老渔阳里的建筑符号。纪念馆一共分六个展区，拓展了许多功能。序厅的正前方是上海社会主义青年团八位发起人的艺术铜雕。序厅同时承担了入团宣誓、开设"微团课"等功能。纪念馆在改建的过程中使用了各类新颖多媒体方式，更好地再现了渔阳里的历史。在展厅二楼，纪念馆在国内展馆中首次采用了三屏互动方式，生动呈现当年青年团的八位发起人在渔阳里学习工作时的场景。此次改建还新增了渔阳里广场，它毗邻淮海中路，与纪念馆相隔一条弄堂，成为了上海这条繁华道路上第一个"红色广场"。

1961年3月4日，中国社会主义青年团中央机关旧址被国务院公布为第一批全国重点文物保护单位。2021年3月11日，入选上海市第一批革命文物名录。旧址纪念馆于2003年1月被上海市人民政府公布为上海市爱国主义教育基地，2009年5月被中央宣传部公布为全国爱国主义教育示范基地。

上海建团

1840 年鸦片战争以后，中国由一个独立的封建国家变为半殖民地半封建国家，国家蒙辱、人民蒙难、文明蒙尘，中华民族沦落到深重苦难和极度屈辱的境地。为了挽救国家危亡，早期仁人志士进行了各种探索，但由于种种原因都一次次失败了。"十月革命一声炮响，给我们送来了马克思列宁主义。"俄国十月革命后，以李大钊为代表的先进分子开始在中国传播马克思主义，促使一批青年知识分子逐渐了解马克思主义。

1919 年 1 月，中国在巴黎和会的外交失败，使得中国先进知识分子进一步认清英、美、法等主导的西方列强的真实面目，成为震惊中外的五四运动的直接导火线。5 月 4 日，北京 14 所高校的 3000 多名学生齐集天安门前举行示威，抗议巴黎和会拒绝中国的正义要求，为救亡图存奔走呼号。随着斗争的发展，革命浪潮迅速遍及上海、广州等各大城市，蔓延全国燃成熊熊烈火。五四运动为中国青年提供直接的斗争经验，并锻造一批进步分子，为社会主义青年团在上海的建立提供组织和人员准备。

中国的五四运动，也受到世界的关注，尤其是共产国际的关注。1920 年 4 月，以维经斯基为首的共产国际代表团抵达北京，前来访问"五四"运动的领导人物，了解中国革命情况，试图与中国的革命组织建立联系。在北京期间，维经斯基一行与以李大钊为代表的进步人士举行了多次座谈，得知上海也是中国社会主义运动的重要城市，而且上海还有一个重要的运动领袖叫陈独秀，于是在李大钊的介绍下，继而赶往上海。

在上海，维经斯基等人见到了陈独秀，双方就中国革命的问题进行深入讨论，一致认为中国共产党的创建条件已经成熟。为了沟通中俄两国间的关系，他们决定在新渔阳里6号建立中俄通信社，一方面翻译和报道有关苏俄、共产国际方面的资料，另一方面是把中国报刊上的重要消息译成俄文发往莫斯科，由维经斯基的翻译杨明斋负责。在共产国际代表团的帮助下，1920年5月，陈独秀组建秘密团体"马克思主义研究会"，并于8月成立上海共产党早期组织，积极推动建立全国范围的共产党组织。

进步青年是革命运动的重要主力，陈独秀、李大钊等人在共产主义小组的筹建过程中，就注意到发展中国青年运动、从青年中培养和挑选预备党员的重要性，并给予极大关注。于是他们决定"收罗左倾及有革命性质的青年，组织社会主义青年团"作为党的助手。在上海党的早期组织建立后，便立即指派最年轻的成员俞秀松负责社会主义青年团的筹建工作。

据李达回忆："1920年夏季，内地有许多青年脱离了家庭，离开了学校，来到上海找新青年社的陈独秀和民国日报觉悟副刊的邵力子。党在上海发起以后，决定成立社会主义青年团，并租定渔阳里6号作为容纳青年的住所，并介绍他们加入社会主义青年团。派俞秀松同志负责支持。"

俞秀松

　　1920 年 8 月 22 日，一个炎热的星期日。在上海共产党早期组织的直接领导之下，中国第一个共产主义性质的青年团组织——上海社会主义青年团在霞飞路渔阳里 6 号正式成立。该组织成员包括担任书记的俞秀松及李汉俊、陈望道、叶天底、施存统、袁振英、金家凤、沈玄庐等八人，平均年龄仅 24.5 岁。在此基础上，1921 年 3 月，在上海成立了中国社会主义青年团临时中央执行委员会。

　　上海社会主义青年团的创建，标志着中国大地上有了中国共产党直接领导的青年团组织，对各地社会主义青年团的建立起到了发动和指导的核心作用。上海社会主义青年团建立后，便向各地共产主义者寄发团章。联络各地发展组织，建立青年团。1920 年秋至 1921 年春，北京、武汉、广州、长沙等的革命青年分别在李大钊、董必武、谭平山、毛泽东等人的分别领导下，也在当地建立了社会主义青年团的早期组织。由于当时各地共产主义小组的活动都还是秘密的，而青年团的活动却可以公开或半公开，所以在当地共产主义小组的领导下，这些青年团组织便以公开或半公开的形式开展革命工作，积极宣传马克思主义、发展党团组织，为中国早期共产主义运动做出了重大贡献。

　　早期的社会主义青年团虽然带有社会主义倾向，但团内成分复杂，特别是 1921 年 2 月至 4 月，一大批上海团组织骨干陆续离沪赴苏维埃俄国学习，各地组织联系更加松散，导致 1921 年 5 月前后，许多地方的青年团组织活动一度暂停。7 月，中国共产党成立后，专门研究了建立和发展青年团作为党的预备学校问题。中共中央局决定由张太雷负责恢复和发展青年团组织的工作，确定青年团"正式中央机关未组成时，以上海机关代理中央职权"。不久，渔阳里 6

号退租，中国社会主义青年团临时中央局迁址上海大沽路356—357号。1921 年 11 月，青年团临时章程明确规定："正式中央机关未组成时，以上海团的机关代理中央职权。"以此为标志，全国临时团中央领导机构——青年团临时中央局也就此产生。临时团中央的成立，为中国社会主义青年团第一次全国代表大会在 1922 年 5 月 5 日召开和之后的发展壮大打下了坚实基础。

公开办学

新渔阳里 6 号 "外国语学社"

走进渔阳里 6 号底楼，参观者会看到一间普通教室的模样。为了便于团结、培养进步青年，1920 年 9 月，社会主义青年团成立伊始就在此创设 "外国语学社"，以公开办学校的形式，掩护革命活动，为中国革命准备干部。上海社会主义青年团的早期活动，与外国语学社是分不开的。

1920 年 9 月 28 日，上海《民国日报》刊登了这样一则外国语学社招生广告："本学社拟分设英、法、德、俄、日本语各班，现已成立英俄日本语三班，除星期日外每班每日授课一小时，文法读本由华人教授，读音会话由外国人教授，除英文外各班皆从初步教起。每人选习一班者月纳学费二元。日内即行开课，名额无多，有志学习外国语者请速向法界霞飞路新渔阳里六号本社报名。此白。"

刊登这一广告的人是共产国际代表杨明斋，戴季陶搬走后，他是渔阳里 6 号新的承租人。十月革命前，他加入列宁领导的布尔什维克党。1920 年，以维经斯基为代表的共产国际工作组到中国活动，杨明斋为小组成员担任翻译和协调工作，并参与建立了上海马克思主义研究会。当时，陈独秀、李大钊等无产阶级革命先驱者认为，要学习苏俄的革命理论和经验，首先必须培养一批懂俄文的干部。外国语学社应运而生，为培养党的干部和输送有志青年赴苏俄学习做准备。

外国语学社是上海共产党早期组织和青年团组织成立后建立的培养进步青年和党、团干部的第一所学校，由杨明斋任学社负责人（校长），俞秀松任学社秘

1920 年 9 月 28 日上海《民国日报》上的招生广告

书。学社所授课程主要是俄语及马克思主义著作，老师大多是上海共产党早期组织成员：李汉俊教法语，李达教日语，袁振英、沈雁冰教英语，杨明斋、维经斯基的夫人库兹涅佐娃以及王维祺之女王元龄教俄语。

该社名义上公开办学，其实报纸的招生广告只是起宣传和掩护作用，多数学生还是来自熟人介绍。招生广告刊发后，全国各地的共产党早期组织和进步团体纷纷向外国语学社推荐和介绍进步青年前来学习，例如毛泽东推荐介绍了任弼时、萧劲光、任作民等学生，从长沙不远千里过来学习。学社学生多时达五六十人，其中包括刘少奇、罗亦农、李启汉等老一辈革命家以及曹靖华等学者专家。他们告别家乡，来到上海，经过一年左右的刻苦学习与艰苦生活，终于踏上了前往苏俄的道路。

　　在这些学生中，社会主义青年团发展了许多团员，刘少奇就是其中一员。1920 年 10 月前后，刘少奇在长沙加入社会主义青年团，并于同月开始在外国语学社学习生活了 8 个月。1921 年 4 月，刘少奇经上海的共产党早期组织介绍启程赴俄，辗转到莫斯科留学，于同年在莫斯科东方大学加入中国共产党。和刘少奇一样，萧劲光、任弼时、罗亦农……1921 年春天，先后有 30 多名学员分三批去莫斯科东方大学学习。

　　当时，外国语学社大部分学员生活很艰苦，每月生活费只有五元六角，经常五个人只包四个人的饭分着吃，省下一个人的饭钱用于买书报。学社探索实行新型的半工半读的教育方式，学员一般半天上课，半天自修或做工，成立了工读互助团，积极参加革命实践，有些人还参加油印、运送、散发革命传单，1920 年上海首次大规模纪念五一国际劳动节的活动，1921 年三八妇女节纪念会和纪念五一国际劳动节筹备会，都在这里举行。萧劲光在回忆录中写道："我们几个人住在法租界贝勒路的一个亭子间里，吃着最便宜的包饭，没有床，睡在地板上。"

　　1921 年 4 月，外国语学社遭到法租界巡捕房的搜查，教学活动开始受到监视。由于已有大批学生赴俄留学，并且形势逐渐严峻、经济上有困难，外国语学社最终于同年 8 月结束办学活动。外国语学社随上海共产党早期组织创建而成立，很好地完成了自己的使命。多年以后，从学社里走出的很多团员成了中共革命的中坚力量，其中刘少奇、任弼时还进入了中共第一代领导集体。

　　如今的渔阳里 6 号，仍保留着当时的情景：一楼厢房排着长凳和课桌，挂着黑板，十来平方米的教室内，当年最多时挤进 50 余

复原的外国语学社

人。二楼东面的亭子间为俞秀松卧室，西面的亭子间为杨明斋卧室，一床、一椅、一桌，全然没有"校长"的派头。厢房、客堂间，架起棕绷和铺板，学员多的时候就打起地铺。

开展运动

上海有两处同叫渔阳里的弄堂，老渔阳里2号（南昌路100弄）是中国共产党发起组成立地，新渔阳里6号（淮海中路567弄）是中国社会主义青年团发起地。新渔阳里与老渔阳里相距甚近，之间原本有一条小道贯通其间，陈独秀、俞秀松等党的早期领导人以及诸多优秀青年来回于2号与6号之间活动。当时，新老渔阳里相互配合，一方面开展着马克思主义的学习宣传，另一方面也紧锣密鼓地开展着革命活动。特别是新渔阳里6号，作为"外国语学社"主要活动地，由于其处在居住区，每天人来人往好不热闹，不容易引起注意，但却能以学社的名义公开办学，为党组织活动提供了很好的掩护作用。

上海机器工会临时会所旧貌

成立后的上海社会主义青年团，在上海共产主义小组领导下，开展一系列开创性工作：

1. 发展了最早的一批团员。刘少奇、任弼时、李中等约20余人都是在这里加入的团组织。

2. 创办了党领导的第一所干部学校——外国语

学社。为了联系和团结进步青年，上海的共产党和青年团组织就在这里开办了中国党、团组织的第一所培养青年革命者的学校——外国语学社，并且在这个学社的学员中发展青年团员。很多学员后来成为党的重要领导人或重要干部，对中国革命起了重要作用。

3.筹备庆祝五一国际劳动节活动。1921年2月至4月间，一大批上海社会主义青年团团员陆续离沪赴俄留学，在上海的团员参加

中共一大纪念馆建筑外立面老渔阳里2号铭牌

了由上海共产党早期组织领导的纪念五一国际劳动节活动。4月17日，上海共产主义小组成员李启汉在新渔阳里6号，与上海工界各团体组成纪念五一国际劳动节筹备会，大型活动虽因29日法租界巡捕房查抄而未成功，但仍分散举行了许多纪念活动。5月1日，负责工人工作的李启汉带领部分群众在上海闸北、天后宫、永安公司等处散发传单。此后，由于团的大批骨干赴俄，加之渔阳里6号遭到巡捕房的搜查无法开展活动，青年团的活动逐渐处于"无形停顿"状态。

星火燎原

上海社会主义青年团成立后，便把指导和帮助各地成立类似的青年团组织作为核心任务。青年团将向全国各地的共产主义者发出社会主义青年团章程，供各地在起草青年团章程中参考。中共中央局为了有效推进各地方团的建立和整顿，要求各地党组织"切实注意"青年运动，领导青年团"依新章从速进行"，要求"全国社会主义青年团必须在明年七月以前超过二千团员"。在上海社会主义青年团和各地共产党早期组织的帮助和指导之下，北京、武汉、长沙、广州、济南等地都先后成立社会主义青年团，在先进青年中发展团员，随着各地社会主义青年团的纷纷成立，广大青年终于有了自己的组织，

《先驱》

这既增强了他们的归属感,也为在广大青年之中宣传马克思主义工作提供了方便。

1921年7月,中国共产党正式成立,中国革命跨进了一个崭新的阶段。中共一大十分重视各地区社会主义青年团组织的发展,派遣党员到各地区指导社会主义青年团组织的发展。1921年7月在莫斯科参加青年共产国际第二次代表大会后,张太雷同志受委派回国,负责青年团的恢复和整顿工作。张太雷等人吸取了1920年建团的经验教训,明确规定"社会主义青年团为信奉马克思主义的团体",注重加强团的思想建设,统一广大青年的思想认识。1921年11月,中共中央局书记陈独秀签发《中国共产党中央局通告》。1922年1月15日,《先驱》创刊,后成为团的机关报。《先驱》对马克思主义在中国的宣传起到了积极的作用。

到1922年5月,全国共有17个地方相继建立社会主义青年团组织,全国团员总数达5000余人(其中大多数为工人,其次是学生),团组织发展成效非常明显。各地团组织的迅速发展,迫切需要从思想上、组织上加强和巩固团的组织。在中国共产党直接关怀和

中国社会主义青年团第一次全国代表大会会场(油画)

领导下，1922 年 5 月 5 日，在无产阶级革命导师马克思诞辰 104 周年纪念日的这一天，中国社会主义青年团第一次全国代表大会在广州召开。

大会共开了 6 天，举行了 8 次会议，于 5 月 10 日闭幕。会议讨论通过了《中国社会主义青年团章程》《中国社会主义青年团纲领》及各项决议，确定中国社会主义青年团是"中国无产阶级的组织"，选举产生由高君宇、施存统、张太雷、蔡和森、俞秀松 5 人组成的团中央执行委员会，施存统被团中央执行委员会推选为书记，规定全国代表大会为本团最高机关，全国代表大会闭会期间，中央执行委员会为团最高机关。这次大会，在中国革命史和青年运动史上具有里程碑意义，标志着中国社会主义青年团实现了思想上、组织上

中国社会主义青年团第一次全国代表大会通过的
《中国社会主义青年团纲领》

中国社会主义青年团第二次全国代表大会旧址

的完全统一，真正成为中国青年的核心力量。

1923 年 8 月 21 日至 25 日，中国社会主义青年团第二次全国代表大会在南京召开。会议对党团关系作了进一步规定，表示坚决接受党的统一战线的方针，并采取与党统一的步骤，在政治上完全服从共产党的主张，在工作上和组织上保持一个独立的团体。

1925 年 1 月 26 日至 30 日，中国社会主义青年团第三次全国代表大会在上海召开。会议决定将中国社会主义青年团改名为中国共产主义青年团。"共青团"的名称便由此而来。此后，中国共产主义青年团进一步发挥先锋作用，党领导的进步青年组织发展迈入崭新阶段。

2022 年 5 月 10 日，习主席在庆祝中国共产主义青年团成立 100

周年大会上的讲话指出："坚定不移跟党走，为党和人民奋斗，是共青团的初心使命。""一百年来，中国共青团始终与党同心、跟党奋斗，团结带领广大团员青年把忠诚书写在党和人民事业中，把青春播撒在民族复兴的征程上，把光荣镌刻在历史行进的史册里。"新渔阳里6号作为青年团的红色起点，孕育着共青团的百年初心，激励着一代又一代青年继往开来。

中國共產主義青年團第三次全國大會
宣言

各國帝國主義者爲要得中國政治上的優越地位，他們各勾結中國的一部分軍閥，以謀剷除對手方所勾結的軍閥；在最近江浙奉直戰爭的中間，這已是衆目昭彰的事了。英美帝國主義所卵翼的是佩孚齊燮元失敗之後，日本帝國主義的代辦人段祺瑞政府，利用善後會議以固結一般接近於他的軍閥，這使日本帝國主義逐漸恢復了歐戰時期他在中國所有的地位。這是英美帝國主義所嫉妒的，他們爲要使日本不能侵害到他們所已經得着的政治經濟的利益，一定要用各種方法引誘而且逼迫段祺瑞等傾向到他們一方面；再不然，他們便會鼓勵別的軍閥

《中国共产主义青年团
第三次全国大会宣言》

相关链接——中国社会主义青年团中央局机关遗址、《中国青年》编辑部旧址

提起"中国社会主义青年团中央机关",人们熟知的是新渔阳里6号,却少有人知道大沽路上还有一个"中国社会主义青年团中央局机关遗址"。其实,它是青年团临时中央局从渔阳里退租后的办公地点,是筹备团的一大和指导全国建团的重要场所。

中国社会主义青年团中央局机关遗址,位于上海市静安区大沽路400—402号(原新大沽路356—357号),原是两幢沿街并排的旧式石库门建筑,坐北朝南。1987年11月被上海市人民政府公布为

中国社会主义青年团中央局机关遗址

上海市文物保护单位。

1921年，中国社会主义青年团成立后不久，在渔阳里6号进行的革命活动就受到租界当局的注意。4月29日，法租界巡捕房搜查了渔阳里6号的外国语学社，而后因为大批青年骨干外出求学，加之团员成分复杂、信仰各异等原因，青年团工作无形停滞。

中国共产党成立后，党组织非常重视吸纳优秀青年和开展青年运动，决定由张太雷、施存统等人负责整顿和恢复中国社会主义青年团的工作。1922年1月，留学日本的施存统回到上海，租下大沽路356—357号，作为临时中央局的办公机关。356号作为团临时中央局办公地址，一楼的客堂间当时是会议室，里面摆放有方桌和圆凳，二楼前楼放着长方桌、长凳和书架。357号作为团上海地方委员会会所，兼作马克思主义研究会的会所，"陈列各种书籍报纸，青年学生入内观看，不取分文"，房间的结构与356号相同。

由此，中国社会主义青年团中央局机关在上海成立。1921年11月至1922年6月间，团中央局积极筹备团一大，通过编辑发行团的机关刊物《先驱》，建立马克思主义研究会等，明确社会主义青年团为信奉马克思主义的团体，制定临时团章，首次对外公开发布《中国社会主义青年团纲领》《中国社会主义青年团章程》等重要文件，并指导全国各地先后恢复和建立了18个地方团组织，发展5000多名团员，积极筹备团的一大，完成了重整青年团事业的任务。

1922年6月9日，公共租界巡捕房以"妨碍治安"为由查封此处。此后，团中央机关移至他处，继续领导全国青年运动。

作为渔阳里之后的青年革命大本营，中国社会主义青年团在大沽路356—357号完成了团的思想建设、组织建设和制度体系的建

《中国青年》编辑部旧址

立。专家多次考证后确认，大沽路上团中央局机关遗址有"三个第一"：首次在这里"确定社会主义青年团为信奉马克思主义的团体"；青年团首部团章和纲领通过《先驱》在这里发布；青年团成立后，这里是首个团中央机关所在地。尽管这段历史时间不长，但意义重大。

《中国青年》编辑部旧址，位于上海市黄浦区淡水路 66 弄 4 号（原萨坡赛路朱依里 252 号），是一幢坐北朝南一楼一底砖木结构旧式石库门住宅。二楼客堂及亭子间是编辑部办公室，小阁楼作印刷间。该建筑在延中绿地建设中被保留，成为这片城市绿肺中那抹亮眼的红色印迹。

《中国青年》杂志是中国社会主义青年团中央委员会继《先驱》之后出版的机关刊物。中共三大后，1923 年 8 月，中国社会主义青年团第二次全国代表大会在南京举行。同年 10 月，团中央机关刊物

《中国青年》在上海创刊，主编恽代英，萧楚女、邓中夏、张太雷、任弼时、陆定一等先后担任过编辑。

《中国青年》是在党领导下创办最早的传播马列主义，坚持以爱国主义、共产主义精神教育青年的刊物。1923 年 8 月，中国社会主义青年团第二次全国代表大会在南京举行。10 月，团中央的机关刊物《中国青年》在上海创刊，主编恽代英。"政治太黑暗了，教育太腐败了，衰老沉寂的中国像是不可救药了，但是我们常听见青年界的呼喊，常看见青年界的活动。许多人都相信中国的惟一希望，便要靠这些还勃勃有生气的青年……"这是《中国青年》1923 年的发刊词的开首语。从一开始，《中国青年》就具有鲜明的红色背景，她所提倡和鼓动的"红色时尚"引领了无数革命青年投身革命的洪流。

创办之初，编辑部没有固定场所，信件由恽代英的居所辣斐德路 186 号"但一"转。1924 年春，《中国青年》迁至淡水路 66 弄 4 号。先后担任过主编或参与编辑工作的还有萧楚女、任弼时、林育南、李求实等。当年二楼的客堂和亭子间做编辑部办公室，三楼小楼阁做印刷间，底楼客堂是萧楚女的寓所。恽代英、邓中夏、林育南、任弼时、钟复光都在此工作或居住过。1927 年四一二反革命政变后，《中国青年》迁

《中国青年》创刊号

往武汉，同年 7 月汪精卫同共产党决裂后，又迁回上海。

《中国青年》出版后，大力宣传马列主义，致力于团结、教育广大青年投身革命，成为团中央和各地团组织、各种青年团体和广大革命青年联系和通讯中枢，对指导各地团组织和教育团员青年起了积极推动作用。

《中国青年》编辑部旧址，于 1962 年 9 月 7 日被上海市人民政府公布为上海市文物保护单位。

第六章　军史丰碑经远里

——中共中央军委机关旧址

中共中央军事部（中共中央军事委员会），是中共中央领导军事工作的重要机关，在共产国际的指导和帮助下，在大革命的滚滚洪流中的上海诞生。在尖锐复杂和险恶的环境中，中央军委对武装工农、举行起义、创建人民军队、指导红军建设等重大问题进行艰辛探索，做出了重大贡献。

上海新闸路、大田路交会处（新闸路 613 弄 12 号、原经远里

经远里旧照

中共中央军委机关旧址纪念馆

1015 号），矗立着一排坐北朝南、砖木结构的旧式石库门建筑，它建于 1919 年 9 月，从前叫作经远里。"经远"二字有经涉远途、作长远谋划之意，也象征了中央军委在上海运筹帷幄的斗争岁月。其清水外墙以青砖为主体、红砖作点缀，屋顶铺设鱼鳞状的黛瓦；条石门框，黑漆大门，铜环门扣，门楣上部有拱形堆塑花饰，两侧悬垂砖砌壁柱，在阳光下更是显现不凡的人文气质。

走近东侧那幢房屋，门前的文物保护标志碑映入眼帘，这里就是中共中央军委机关旧址，曾是中共中央军委在上海时期的重要办公与开会地点之一，也是杨殷、彭湃、颜昌颐、邢士贞四烈士被捕处。1928 年至 1929 年间，中央军委在这里运筹帷幄。这座石库门见证了中共中央军委在上海斗争的峥嵘岁月，以及周恩来、杨殷、彭湃等革命者的光辉事迹。

2021 年 5 月 10 日，新闸路 613 弄 12 号的石库门建筑作为中共

中共中央军委机关旧址纪念馆展厅

中央军委机关旧址纪念馆对外开放。纪念馆展览面积为 192 平方米，以"风雨经远里，军史丰碑地"为主题，通过图文、实物、视频、音频等多种形式，讲述了中央军委自成立至 1933 年 1 月离开上海向苏区转移的近 8 年间的历史变迁，展示了中国共产党在军史上筚路蓝缕的伟大征程。展陈内容分为四部分：中共中央军委的酝酿与成立、在创建人民军队的伟大斗争中前进、指导红军建设的历史功绩及经验教训，以及早期中共中央军委历史沿革和人物简介。

成立机关

在中国共产党创建初期，党的工作重心始终放在宣传和组织民众上，没有自己独立的革命武装，对直接组织领导军队重视不够。第一次国共合作达成之后，随着革命形势的发展，特别是通过参与黄埔军校建校治校的过程，中国共产党人开始认识到军事工作的重要性，着手组建党直接领导的武装力量，由此推动了中共中央军事领导机构的建立与发展。

根据共产国际指示，1925 年 10 月，中共中央决定在中央委员会之下，设立军事运动委员会。同月中旬，中央军事运动委员会在上海成立。继而，中共中央十二月会议提出应设立中央军事部，承担系统的军事工作。标志着我们党在理论与实践结合过程中，逐步加强了对武装工农、争取并改造旧军队的领导。随着革命形势的发展变化，中央军委的机构名称和隶属关系几经变迁，包括"军事部"、"军事委员会"等，最终于 1930 年 2 月 12 日，中央政治局会议决定健全军委，成立中共中央军事委员会，直属中央政治局。新成立的中央军委，成为具有完整意义的全党军事工作与武装力量的最高领导机关，周恩来任书记，机关与中共中央一同驻上海。

中共中央军委驻沪期间，面对白色恐怖愈演愈烈的境况，围绕加强自身建设、领导白区革命斗争、指导苏区和各地红军建设等方面做了大量卓有成效的工作，为中国革命事业和人民军队建设发展作出重要贡献。

绝笔书信

在纪念馆展出的文献资料中，有近 50% 以文物复制件的形式陈列，进一步增强了历史还原度。一楼的展陈内容注重沿着历史脉络的顺序展示了把中国共产党领导开展军事斗争的早期实践与探索；二楼在展陈布置上重点做到"见人见物见精神"，让参观者感受烈士书信中的强大信仰力量。

1928 年年底，彭湃奉中央命令，赴上海出任中共中央农委书记兼江苏省委军委书记。时任中央军事部部长的杨殷，决定调中央军委秘书、曾任彭湃属下团长的白鑫做彭的秘书。当时，白鑫以租客身份住在新闸路经远里 1015 号。这是典型的石库门里弄住宅，有人们熟悉的天井、客堂、灶间、亭子间、晒台等。那时，经远里住户

纪念馆一楼展陈

纪念馆二楼展陈

开会所用的麻将桌与长凳子

复杂、流动性大,又位于租界,适合开展地下工作,这里便成为中央军委、江苏省委军委的一个重要联络点。周恩来、杨殷、彭湃等常在此开会,二楼逼仄的亭子间就是会议室,室内仅放置一张小桌、四条长凳,桌上还放着一副麻将牌,以防警探搜查。

但是谁也未曾料到,彭湃秘书白鑫内心却藏着阴暗的秘密。因一个亲戚早年战败逃跑被彭湃枪毙,白鑫怀恨在心,一直在寻机报复。做了彭的秘书后,面对国民党反动当局日甚一日的白色恐怖,目睹身边同志纷纷被捕或牺牲,心生恐惧,白鑫逐渐萌生了背叛革命的想法。他与国民党上海市党部负责人范争波取得联系,意欲一举破坏中央军委组织。1929 年 8 月下旬,得知中央即将派彭湃赴苏联后,白鑫立即将中央军委、江苏省委军委将于 8 月 24 日在设在新闸路经远里江苏省委机关开会的消息,透露给国民党上海市党部负责人范争波,一场搜捕就此发生。

24 日下午,一个再寻常不过的老上海的夏日。中央军委和江苏省委军委在上海新闸路经远里 12 号召开联席会议,与会者有中共中央军事部部长、中央军委主任杨殷，中央军委委员、兼江苏省委军委书记彭湃，中央军委委员颜昌颐，江苏省委军委干部邢士贞和上海总工会纠察队副总指挥张际春。白鑫作为中央军委秘书，也装作没事似地出席会议做记录。4时许，会议刚开始没多久，数辆红皮铁甲车突然呼啸而至，一大批租界巡捕把小楼团团包围，大批荷枪实弹的武装巡捕、军警闯入屋内，大肆搜捕。因事发突然，所有出口全被封锁，与会者根本来不及撤离，杨、彭、颜、邢、张等5位参会同志全部被捕。为了掩人耳目，敌人故意将白鑫也一道带走。

如今，在中共中央军委机关旧址一楼的案桌上，有这样一台老式座钟，指针永远定格在了下午4时，这就是杨、彭等"军委四烈士"被捕的时间。

"为有牺牲多壮志，敢教日月换新天"，要奋斗就会有牺牲。当年发生在上海的悲壮，让经远里这幢寻常的石库门小楼永远铭刻在历史的丰碑上。杨、彭等人的被捕，令党中央极为震惊，迅速查明叛徒就是白鑫，并向在沪党员发出警报。周恩来立即主持召开

老式座钟

紧急会议，同中央特科一起研究营救办法，决定迅速摸清情况，不惜一切代价进行营救。当得到国民党反动当局将于8月28日把彭湃等转解至龙华警备司令部囚禁的情报后，决定于押解途中武装解救。

1929年8月26日，租界将彭湃等人引渡给国民党上海市警察局。开庭审讯时，由于身份已被叛徒指认，彭湃等人决定开展公开斗争。他们在法庭上慷慨陈词，痛斥反动派的罪行，铿锵有力的话语，说得敌人瞠目结舌，如坐针毡。8月28日清晨，彭湃等人被押的囚车，在10余辆载着全副武装军警卡车的护卫下，开往龙华。中央特科人员提前埋伏在到龙华看守所的必经之地——枫林桥畔，准备武装"劫囚车"。然而，待苦苦等候的枪支弹药送来时，战士们还来不及清洗掉枪膛里的黄油，敌人的押送车辆已在森严的戒备中呼啸而过，营救行动宣告失败。被引渡至龙华监狱后，杨殷、彭湃等坚贞不屈，完全将个人生死置之度外，所思所想只有党的事业和同志的安危，并抓紧最后时间在狱中积极宣传党的主张和思想，说到激动处，还齐唱《国际歌》，引得士兵、狱犯痛哭失声，甚至连看守都为之掩面。有人后来回忆，"有久闻彭湃大名的人，闻得彭湃在此，均相争将来看；还有几个识得彭湃的人，均以旧时相识为荣。"敌人用铁杆把彭湃两个膝盖压得血肉模糊、血流满地。他乐观地在墙壁上画了一条龙，对难友们说自己快要"飞龙升天"了。杨殷也坦然笑说："朝闻道，夕可死矣。"当时，蒋介石欲抵沪亲自审讯，却意外遇刺，遂下令将杨、彭等人就地正法。

在死亡即将来临之时，杨殷和彭湃在狱中写了两份感人至深的信件，其中一份是写给党的报告。信中写道："我们已共同决定临死时的演说词了，我们未死的那一秒钟以前，我们努力在这里做党的工作，向士兵宣传，向狱内群众宣传。同志们不要为我们哀痛，望你们大家努力……顺华兄，现将我们这次的口供及经过，以至我们对此事所提的办法报告如下：尽量设法做到五人通免死刑，不能做到，只好牺牲没有办法之安、揆二人，而设法脱免余无口供之三人。"（顺华指中国共产党，而安、揆则是彭湃和杨殷自己，他们要牺牲自我，保全他人）。另一封就是杨殷和彭湃联名给"冠生暨家中老少"（"家"指党中央，"冠生"即周恩来）写的一封秘密报告，向党、向最信任的战友倾诉自己的感情，表达英勇就义的决心。这份只有短短 100 多字的诀别信，字字重若千钧。"我们在此精神很好"，表现了共产党人在屠刀面前的浩然正气、视死如归。"兄弟们不要因弟等牺牲而伤心，望保重身体为要"，凝聚着杨殷、彭湃等对同志真挚的关心与深厚的情谊。

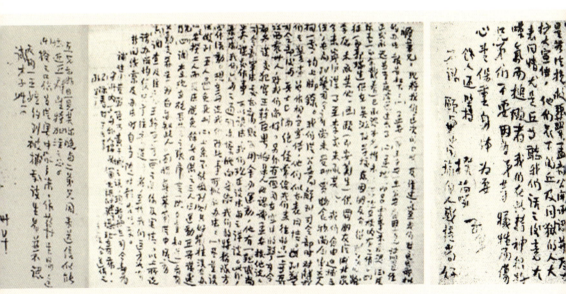

杨殷、彭湃等人致周恩来和家中老少的信

8月30日行刑前，杨殷、彭湃、颜昌颐、邢士贞四同志激昂慷慨地向士兵及在狱群众说完最后赠言，唱着《国际歌》，呼着口号，出了监狱大门，英勇就义，后人敬称他们为"军委四烈士"。一同被捕的张际春因系黄埔军校一期生，与蒋介石有着师生关系。蒋介石想借此瓦解争取黄埔生中的共产党人，在保下白鑫的同时，特将张际春区别处理，张也成为彭湃案中唯一的幸存者。然而张际春采取不合作态度，直至1933年病逝于重庆。

得知彭湃等人牺牲的消息后，中共中央立即发布《告人民书》沉痛哀悼烈士，并专门设立彭杨军事政治学校，以志纪念。1930年8月30日，"军委四烈士"牺牲一周年之际，中共中央机关报《红旗日报》发表了周恩来以"冠生"为笔名撰写的文章《彭、杨、颜、邢四同志被敌人捕杀经过》，刊于头版"纪念着血泊中我们的领袖"专栏。文章称，"没有前仆后继的革命战士，筑不起伟大的革命的胜利之途！"杨殷、彭湃等"革命领袖的牺牲，照耀在千万群众的心中，熔成伟大革命的推动之力，燃烧着每一个被压迫群众的革命热情，一齐奔向革命的火原！"周恩来还勉励同志们道："我们在死难的烈士前面，不需要流泪的悲哀，而需要更痛切更坚决地继续着死难烈士的遗志，踏着死难烈士的血迹，一直向前努力，一直向前斗争！"

为纪念彭湃、杨殷两位烈士，党在各根据地成立了多所"彭杨政治军事学校"，为红军和地方游击队培养了一大批优秀的军事政治干部，为夺取革命战争的胜利作出重要贡献。

惩恶锄奸

为了应对国民党反动派的抓捕，除掉背叛我党的那些叛徒，早在 1927 年 11 月，中央在上海成立政治保卫机构——中国共产党中央特别行动科（简称中央特科），由周恩来直接领导。

彭湃等同志被捕后，中央特科通过秘密工作者杨登瀛随即查出是白鑫出卖了彭湃等人，并了解到白鑫企图逃往南京。周恩来指示不能让其逃脱，发起全城绝杀令处决白鑫。狡猾的白鑫知道自己必然要成为被追杀的对象，因而像老鼠一样在国民党特务严密护卫下，深居简出，不露踪迹。同时，他还让国民党在报纸刊登消息放出烟幕弹，对外声称白鑫毕业于黄埔军校，因为罪状轻，"获释之后，已于前日被带往南京……"，以便迷惑中央特科。实际上，他正积极准备乘船离沪出国，前往意大利"留学"，以逃脱惩罚。周恩来识破了敌人的障眼法，继续派陈赓与杨登瀛保持秘密联系，务必尽快找到白鑫的藏匿地点，以防他逃出上海。不久之后，杨登瀛终于查找到了叛徒白鑫藏匿的地址，白鑫一直待在范争波公馆内，并且杜绝了一切外出活动。于是，周恩来和陈赓等人密令杨登瀛，一定要找机会到范公馆"登门拜访"，摸清白鑫逃离上海的具体计划，以便中央特科行动。

然而，在杨登瀛找机会与白鑫"工作对接"时，无论杨登瀛再怎么"套话"，白鑫死活没有说出自己出逃上海的具体安排。正当杨登瀛一筹莫展时，白鑫疟疾的老毛病又犯了，不得不到达生医院找柯麟医生看病。白鑫不知道的是，柯麟也是我党的秘密工作者。柯麟医生一边给白鑫诊治，一边思考着如何才能将消息送出去。可狡猾的白鑫见柯麟离开诊室去外面找药，便带着保镖离开了。半个多月之后的 11 月 9 日，白鑫的疟疾又发作，不得不又让保镖把柯麟医生带到范公馆为他诊治，无意中终于套出了白鑫确定将于 11 月 11 日逃往意大利的消息。周恩来随即召集中央特科的同志开会，决定于 11 月 11 日晚上隐蔽埋伏在范争波公馆周围，找机会处决叛徒白鑫。

11 月 11 日午后，陈赓等人装扮成小贩、修补匠、送衣人或过路者，在范公馆周围的弄堂里埋伏了下来，等待着叛徒白鑫的出现。晚上接近 12 点，两辆小车来到了公馆门口。过了一会，六七个人从公馆后门走出，白鑫也在其中，红队队员迅速扑过去向白鑫射击。

四烈士浮雕

白鑫一面拔枪还击，一面狂奔夺路而逃。三名红队队员跟踪紧追，终于把这个罪大恶极的叛徒击倒在霞飞路和合坊 71 号门根下，其中一颗子弹由前额洞穿后脑。就这样，叛徒白鑫因为看病暴露行踪，最终被绳之以法，为他的所作所为付出了代价。

信仰穿越时空。回到纪念馆的入口广场处，白墙上有一幅青铜浮雕，四烈士挺拔站立，目光炯炯，凝视远方。画面中若隐若现的上海老弄堂、外滩老建筑，隐喻城市与家园的时代苦痛，使四烈士与上海这座城市永远连结在一起。

军委自成立至 1933 年 1 月离开上海，历史的新篇章在苏区展开。广大革命群众踏着先烈们的足迹，继续革命事业，最终夺取中国革命的伟大胜利。

相关链接——中共六届四中全会会址暨中共中央特科机关所在地、中共中央政治局机关旧址（1928—1931 年）

中共六届四中全会会址位于武定路 930 弄 14 号，原武定路修德坊 6 号，这是一栋砖木结构的新式里弄住宅，曾是中共中央特务委员会（简称"特科"）所在地。1931 年 1 月 7 日，党的扩大的六届四中全会在这里举行。旧址现为上海市文物保护单位。

1927 年七一五反革命政变之后，中共中央再次被迫转移至上海租界。1927 年 10 月 9 日，中共中央临时政治局扩大会议决定将特务工作处改组为特别行动科。11 月，中央特科正式成立，由周恩来直接负责指挥，主要骨干人员为曾经到苏联学习政治保卫的陈赓、顾顺章（后叛变）等人。中央特科分四科。特一科是总务科，负责设立机关，布置会场和营救安抚等工作；特二科是情报科，负责收集情报、建立情报网；特三科是行动科，也称"红队"，负责保卫机关、镇压叛徒特务等；特四科是交通科，负责设立电台、培训报务员、开展与各地的通信联络。

特科最核心，最基础的工作源于情报搜集。情报科在陈赓等的领导下，涌现出李克农、钱壮飞、胡底（史称"龙潭三杰"）等杰出的中国共产党第一代情报工作者。1928 年，国民党中央组织部调查科主任陈立夫指派徐恩曾开办无线电培训班，扩充特务系统，中共中央特科即派遣李克农、钱壮飞、胡底等人先后考入训练班。钱

112

壮飞还利用徐恩曾同乡的身份，获取徐的信任，担任其机要秘书。1929 年底，徐恩曾奉命赴南京组建国民党特务组织——中央组织部调查科（即"中统"前身），钱壮飞也趁机成为"中统要员"，并引入李克农、胡底潜伏。当时钱壮飞对外的公开身份是南京"长江通讯社"社长，胡底为天津"长城通讯社"社长，李克农则在上海主持无线电管理局。

1931 年 4 月底的一个星期六，钱壮飞一个人在值夜班，忽然接连收到武汉国民党特务机关发给徐恩曾转国民党中央党部秘书长陈立夫的六封特急绝密电报。封封电报上面都写有"徐恩曾亲译"的字样。这件事引起钱壮飞高度警惕。他立即用之前在徐恩曾处获取的密码本翻译电报内容。译罢，他大吃一惊，原来第一封电报中就这样写着：黎明（顾顺章的化名）被捕，并已自首，如能迅速解至南京，三天之内可以将中共中央机关全部肃清。

钱壮飞记下电文内容当，当机立断派自己的女婿刘杞夫连夜乘火车去上海，把这个特急情报通过李克农、陈赓立即转告周恩来。刘杞夫走后，钱壮飞立即通知胡底等人迅速撤离隐蔽。钱壮飞也于第二天早晨趁火车返回上海。

接到情报后，周恩来果断采取一系列周密的紧急应变措施，将中共中央、江苏省委以及共产国际的各个机关全部紧急大搬迁，顾顺章熟知的中共党员也全部撤离。

当顾顺章乘坐的轮船抵达南京的时候，钱壮飞早已离开南京。而党在上海的机关也早已是人去楼空。党的一次生死存亡的危机，就这样在钱壮飞、李克农、周恩来等同志的接力下化解了。

中央特科在周恩来领导期间，主要任务是保卫党中央的安全，抗击敌人的迫害，深入敌人的特务机关，探取情报，肃清内奸，有效粉碎了敌人的一次次阴谋，在隐蔽战线上为党做出极大贡献，是名副其实的红色堡垒。

1931 年 1 月 7 日，根据共产国际的指示，中共六届四中全会（扩大会议）在这里召开。为了保证会场安全，楼上开会的同时，楼下由中央特科一、二科的女同志打牌、开留声机做掩护，特科三科派红队队员化装成厨师，负责保卫会场安全。出席会议的有中央政治局委员和候补委员向忠发（后叛变）、周恩来、瞿秋白、关向应等 9 人，中央委员和候补中央委员任弼时、罗章龙等 13 人。列席会议的有王明、沈泽民、王稼祥、博古等 15 人。共产国际代表米夫参加会议。会议通过了《中共四中全会决议案》等文件，原来不是中央委员的王明进入了政治局。

在接下来四年中，王明"左"倾教条主义导致中国革命遭到空前惨重的挫折，使党的白区组织几乎丧失了百分之百，红军和革命根据地损失了百分之九十，直接导致第五次反"围剿"的失败，不得不开始战略性大转移，即"两万五千里长征"。直至 1935 年 1 月，中共中央在贵州遵义召开政治局扩大会议，确立了毛泽东在党中央的领导地位，从而结束了王明"左"倾教条主义错误在中央的统治。

中共中央政治局机关旧址（1928—1931 年），位于黄浦区云南中路 171—173 号（原云南路 447 号），是一幢坐西朝东二层钢筋水泥结构的沿街楼房。1928 年至 1931 年，中共中央政治局曾在此办公。此处为中共中央在上海期间使用时间最长的一处机关。旧址为上海市文物保护单位。

1927 年 10 月上旬，中共中央从武汉迁回上海，继续坚持革命斗争。由于党内出现"左"
倾错误，加之愈演愈烈的
白色恐怖，党的工作遭到
严重的挫折和损失。

中共中央政治局机关旧址

1928 年，中共中央认
为熊瑾玎富有理财经验，
又善于结交朋友，就让他
担任中央机关会计，同时
派他在上海寻找中央政治
局开会的秘密机关和中央
同各地党组织通信的联
络点。

为了确保中央机关的
安全，选址需要慎之又慎。接到任务后，熊瑾玎穿街走巷，寻找中
共中央政治局机关的落脚点。终于，他瞄准了上海最繁华的地方之
一——四马路（今福州路）云南路（今云南中路）路口的房子。这
栋房子坐西朝东，是街面房屋，三开间门面，且逃生通道较多，后
门可以进出，以一条不为人注目的小巷为掩护，前门可以进出，以
一楼"生黎医院"为掩护，这家医院是由二房东开设的，每天求医
问药的人络绎不绝，正好可以借机掩护中共党员来往。更妙的是，
这栋房子的二楼还有一个秘密通道，二楼的一扇门直接连通着隔壁
天蟾舞台的楼梯，如果开会时发生意外，与会人员可以从此门潜入
戏院，佯装看戏或演戏之人撤离。

这绝对是一个大隐隐于市的地方！因此，1928 年 4 月，熊瑾

玎便租下这里的二楼，对外挂起"福兴商号"的招牌，大胆地做起"生意"来了。

熊瑾玎则化身福兴商号的老板，人称"熊老板"。熊老板当时已经四十多岁，每天独自一个人进进出出，难免惹人怀疑。为了工作安全，中共中央要求各机关工作人员组成一个"家庭"，掩护机关工作。因此组织上推荐了三位女同志，请熊瑾玎选择一位来假扮"老板娘"的角色，配合他的工作。熊瑾玎斟酌后选择了小老乡朱端绶。朱端绶和熊瑾玎一样，都是长沙人，而且还是旧相识，虽然朱端绶刚满 20 岁，却是个老党员，党龄比熊瑾玎还多两年。1928 年 6 月中旬，朱端绶从汉口来到上海住进福兴商号，当起了"老板娘"。她的第一项工作就是看守机关，为来开会的同志放哨、做饭。

这一对"老夫少妻"，对外是辛勤经营着福兴商号买卖的老板和老板娘，对内是共同保卫机关安全的亲密战友。日月如梭，两人在同一个信仰，同一个屋檐下，渐渐催发了爱情，熊瑾玎还写了一首诗以表心意。当时周恩来也极力促成他们假戏真做。

1928 年中秋之夜，上海四马路的陶乐春菜馆里，一桌极为普通的酒菜旁边坐着几个人。看上去是几个亲朋挚友在这里饮酒赏月，实际上是李立三、李维汉、邓小平等人在为熊瑾玎和朱端绶这对曾经的假夫妻证婚。从那时起，朱端绶成了真正的"老板娘"。

云南路上的中共中央政治局机关非常重要，福兴商号在当时既是为中央筹措经费的经济实体，又是中央政治局开会办公的秘密地点，不仅经常有同志来开会，而且还存放了许多党的秘密文件。为了确保中央政治局机关的安全，这里只有中央一级较高级别的人员才知道，苏区来信也并不直接交送这里，而是先交其他联络点，再由朱端绶取回。

在 1928 年秋到 1931 年 4 月期间，中央政治局、中央军委、江苏省委的领导周恩来、项英、瞿秋白、李立三、彭湃、李维汉、李富春、任弼时、邓中夏、邓小平等都在此开会讨论过一些党内问题。

1931 年 4 月下旬，顾顺章被捕叛变。虽然此信息被打入国民党中统内部的中共党员钱壮飞获悉，迅速报告中央特科，周恩来等中央领导及时采取果断措施，但顾顺章熟悉的中共中央机关都必须马上转移。于是，熊瑾玎、朱端绶先将中央文件、账簿等转移到别处隐蔽，之后又撤离此处机关。等到国民党特务分子找到此处时，云南路的中共中央政治局机关早已是人去楼空，结束了"大隐隐于市"的历程。

第七章　以笔为枪著诗篇

——中国左翼作家联盟成立大会会址纪念馆

　　中国左翼作家联盟成立大会会址纪念馆位于上海市虹口区多伦路 201 弄 2 号（原窦乐安路 233 号）。20 世纪 20 年代后期，中国共产党为培养自己的文化艺术人才，在此创办了中华艺术大学，1930 年春改名中华艺术学院。同年 8 月，被国民党当局查封。1930 年 3 月 2 日，在中国共产党的领导推动下，第一个党领导下建立的革命

中国左翼作家联盟成立大会会址纪念馆

文化团体——"中国左翼作家联盟"成立大会在此举行。

纪念馆是两幢西式三层清水墙砖木结构的花园别墅，坐北朝南，铁门朝东。建于20世纪20年代，占地面积684平方米，建筑面积550平方米。一楼是接待室，展厅再现了左联成立时的场景；二楼四个大间是展厅，边上一间为资料室；三楼是办公室。2021年3月，入选上海市第一批革命文物名录。

呼之欲出

1940 年，毛泽东在一次讲话中提出了一个问题：红军长征前，中国共产党在红色区域的力量损失了 90%，在国民党区域几乎损失了 100%。但是第五次反军事"围剿"失败了，反文化"围剿"却是大获全胜。毛泽东问道："其中最奇怪的，是共产党在国民党统治区域内的一切文化机关中处于毫无抵抗力的地位，为什么文化'围剿'也一败涂地了？这还不可以深长思之吗？"他没有直接说出答案，而是指出：从五四运动后，中国无产阶级登上了历史舞台，并产生了一支强大的文化生力军。这支文化生力军所向披靡，在各个领域都取得了巨大的成功，对国民党形成了压倒性优势，并取得了全面胜利。他所说的，正是中国共产党领导下的左翼文化运动。1942 年，毛泽东在延安文艺座谈会上说得更加形象："我们现在有两支军队，一支是朱总司令率领的拿枪杆子的军队；另一支是鲁总司令率领的拿笔杆子的军队。"这里的"鲁总司令"，指的正是鲁迅先生。毛泽东把拿枪杆子的军队和拿笔杆子的军队相提并论，党领导的左翼文化运动历史作用可见一斑。

1927 年大革命失败后，惨痛的教训惊醒了中国共产党人，他们奋起反抗：一方面，发动了南昌起义、秋收起义、广州起义，用枪杆子来抗争；另一方面，开始拿起文化的武器进行斗争。当时，一批党的文化工作者和党所影响的文化工作者陆续聚集到上海。他们冲破国民党反动统治的高压，在新开辟的革命的思想文化阵地上，展开了英勇的战斗。

1929 年 6 月，中共六届二中全会作出《宣传工作决议案》，首次决定成立中央文化工作委员会，领导筹组左联等一系列左翼文化组织，开展左翼文化运动，助力中国工农革命。

在中国共产党的领导下，左翼文化界组成各种社团，利用社会文化资源，通过文学、美术、戏剧、电影、音乐等民众喜闻乐见的方式，把左翼文化的触角伸向整个社会，有力地抨击了国民党黑暗统治，打破"文化围剿"，开展左翼文化建设，为 20 世纪中国留下了一批文化经典。

但左翼文化运动并不仅仅是一场纯粹的文艺运动，而是一场社会革命运动。它对于国民党统治的冲击，绝不仅仅限于文学、文艺或文化领域。当中国革命陷入低潮的时候，左翼文化的逆势而起，打破了国民党独家把持舆论的格局，形成左右两极，进而主导了社会舆论；当苏区遭受国民党军事围剿的时候，左翼文化对国民党统治的冲击却呈野火春风急剧蔓延之势。左翼文化的深入人心，使共产党的主张深得民心。

革命之翼

1930年3月2日，经过党的建议和筹划，有党内外作家参加的中国左翼作家联盟在上海成立。当时会场布局为：台上中间一个讲台、一块黑板，旁边是三只靠背椅；台下是长条凳和方凳。

冯乃超、华汉、郁达夫、田汉、沈端先、潘汉年、周全平、洪灵菲、钱杏邨、鲁迅、蒋光慈、柔石、林伯修等50余人参加会议。会场内坐满了人，有的不得不站着，连门外也站着人。会场周围布置了警戒线。讲台前坐着大会推举的鲁迅、沈端先、钱杏邨三人主席团。潘汉年代表中国共产党在会上讲话，冯乃超报告筹备经过，

中国左翼作家联盟成立场景

郑伯奇对纲领做了说明。

鲁迅在成立大会上发表《对于左翼作家联盟的意见》讲话，第一次提出了文艺要为"工农大众"服务的方向。他在讲话开始就指出，"左翼"作家是很容易成为"右翼"作家的。他从"倘若不和实际的社会斗争接触，单关在玻璃窗内做文章，研究问题，那是无论怎样的激烈，'左'，都是容易办到的；然而一碰到实际，便即刻要撞碎了""倘不明白革命的实际情形，也容易变成'右翼'"等方面分析了原因。对于今后的工作，鲁迅指出："对于旧社会和旧势力的斗争，必须坚决，持久不断，而且注重实力。""我以为战线应该扩大"，"我们应当造出大群的新的战士"，"我以为联合战线是以有共同目的为必要条件的"。据与会代表回忆，当谈到"在文学战线上的人还要'韧'"时，鲁迅还用粉笔在黑板上写了一个大大的"韧"字。

大会推举鲁迅、沈端先、冯乃超、钱杏邨、田汉、郑伯奇、洪灵菲为常务委员，周全平、蒋光慈为候补常务委员，通过了"左联"理论纲领和行动纲领等17项提案。通过成立"马克思主义文艺理论研究会"等下属机构。大会从下午2时开到晚7

"左联"成立大会通过的
《中国左翼作家联盟的理论纲领》

时结束。

会议确定组织行动总纲领的要点是：1. 文学运动的目的在于求新兴阶级的解放。2. 反对一切对我们的运动的压迫。同时决定主要的工作方针是：（1）吸收国外新兴文学的经验，及扩大我们的运动，要建立种种研究组织。（2）帮助新作家之文学的训练，及提拔工农作家。（3）确立马克思主义的艺术理论及批评理论。（4）出版机关杂志及丛书、小丛书等。（5）从事产生新兴阶级文学作品。

"左联"设有党团（党的领导机构）、执行委员会和秘书处、组织部、宣传部，下设大众文艺委员会、创作批评委员会、国际联络委员会、理论研究委员会、小说研究委员会、诗歌研究委员会、马克思理论研究委员会等 7 个委员会。"左联"在激烈的阶级斗争和民主主义斗争中不断地发展壮大，谱写了中国革命史、中国现代文学史上的光辉篇章。

以笔为戈

左翼作家联盟成立后，中国社会科学家、戏剧家、美术家、教育家联盟（分别简称社联、剧联、美联、教联）以及电影、音乐小组等左翼文化团体也相继成立。当年 10 月，各左翼文化团体又共同组成中国左翼文化总同盟（简称文总）。这支左翼文化新军在党的领导下，积极从事马克思主义宣传和革命文艺创作等活动，兴起一个很有声势和实力的左翼文化运动。

国民党当局对左翼文化运动进行了残酷的迫害和镇压。从 1929

"左联"盟员群像

年起，国民党政府相继颁布《宣传审查条例》《出版法》等法律、条例，对书籍刊物的编辑、出版和发行施加种种限制，直至严加查禁。仅据湖南长沙 1931 年 9 月统计，被查禁书刊就达 228 种，其中以"共党宣传刊物"、"鼓吹阶级斗争"等理由查禁的有 140 多种。国民党当局还设立图书杂志审查委员会，通过蛮横无理的审查，对具有进步倾向的文化作品加以扼杀。一伙伙流氓特务狂暴地袭击进步的文化团体和编辑、出版、排演机构，拘捕、刑讯并秘密杀害革命的作家和文化人。1930 年至 1933 年间，先后牺牲的有李伟森、柔石、胡也频、殷夫、冯铿、洪灵菲、潘漠华、应修人、宗晖等。国民党当局还培植一批御用文人，竭力宣扬封建文化和法西斯文化，诋毁马克思主义和进步的思想文化。国民党当局以为，通过种种反革命的文化"围剿"，就可以彻底消灭左翼文化运动。

"左联"五烈士塑像

但是，出乎国民党当局的意料，左翼文化运动不但没有在"围剿"中被消灭，反而迎着迫害的狂风恶浪，在马克思主义和无产阶级革命文学的旗帜下，顽强地发展起来。左翼文化团体的人数不断增加，活动地区不断扩大，由上海发展到北平、天津、武汉、广州，并远及南洋和日本东京。共产党员夏衍、阳翰笙、田汉等拍摄了一大批进步影片，在国民党统治区也拥有大量观众。左翼文化的发展势头，国民党舆论惊呼"似水银之泻地，无孔而不入"。

"左联"和其他左翼文化团体先后创办《萌芽月刊》《拓荒者》《文化月报》《北斗》《文学》等几十种刊物，创作和发表了大量为群众所欢迎的作品。这些作品反映了新军阀统治的祸害、帝国主义侵略的罪恶、城乡经济的衰败，以及劳动人民和小资产阶级的痛苦与要求，在题材与表现形式的多样化、反映生活的广度和深度等方面，都达到新的水平。如鲁迅的许多闪烁着马克思主义光芒的战斗杂文和其他文学作品，茅盾的刻画 20 世纪 30 年代中国都市社会的现实主义力作《子夜》和其他短篇佳作，还有老舍、曹禺、巴金等许多作家的优秀作品，不仅在当时脍炙人口，而且艺术魅力经久不衰。特别是"九一八"事变以后，一大批号召人民奋起抗日救亡的各种形式的文艺作品，包括小说、散文、诗歌、戏剧、电影、音乐、美术、新闻等等，充满高昂的爱国主义激情，对于推动群众性抗日救亡运动的高涨，发挥了战斗号角的作用。

左翼文化工作者还在文艺思想战线上多次开展对错误观点的批判。"左联"成立以前，进步的文化工作者曾在上海展开反对新月派的斗争。"左联"成立后又展开同民族主义文学派的斗争。新月派宣扬资产阶级人性论，反对无产阶级革命文学。民族主义文学派以超阶级的"民族意识"来反对马克思主义的阶级论。左翼文化工作者著文揭露这两个派别文艺观的实质，用马克思主义的阶级分析方法指出其观点的某些鼓吹者"与在上的统治者同其命运"，其超阶级意识只是他们所维护的统治阶级利益的掩饰。左翼文化工作者还批评了自称居于国民党反动派和左翼文艺阵营之间的"第三种人"（或称"自由人"）所宣扬的文艺与革命斗争脱离的文艺观。文艺思想战线上的这些斗争，推进了进步的文艺工作者同现实生活的联系，使他们逐步走上同人民群众相结合的创作道路。

左翼社会科学工作者翻译出版了大量马克思主义著作。据不完全统计，从 1927 年 8 月到 1937 年 6 月，翻译出版的马克思、恩格斯、列宁、斯大林等人的著作达 113 种之多。《资本论（第一卷）》《反杜林论》《政治经济学批判》《唯物主义与经验批判主义》等著作的第一个中文全译本，都是在 20 世纪 30 年代前期问世的。在传播

"左联"出版的部分刊物

马克思主义的过程中，左翼社会科学工作者特别注意宣传介绍辩证唯物论，这较之20世纪20年代前期着重介绍唯物史观的情况是一大进步。有些著作能够对马克思主义的基本原理作出准确的阐释，对于人们正确理解马克思主义并用来总结中国革命的经验，提供了有益的帮助。还有些著作注意将马克思主义通俗化，以便让更多的人了解这些真理。通俗的革命理论作品启迪了许多青年学生，促使他们的世界观转向辩证唯物主义和历史唯物主义，并投身革命。

同反马克思主义的思潮进行斗争，是左翼社会科学工作者的一项重要任务。20世纪30年代前期，中国托派在中国社会性质、中国社会史和中国农村社会性质等问题上提出一系列错误观点，其中心是否认中国仍是半殖民地半封建社会，断定中国已处在资本主义发展阶段，进而否定中国进行资产阶级民主革命的必要性。国民党反动文人出于反革命目的，也极力鼓吹与托派类似的观点。左翼社会科学工作者同托派和国民党反动文人就上述问题，先后进行了长时间的论战。中共中央通过文委领导这些论战，表明自己的观点。左翼社会科学工作者以马克思主义为指导，调查和收集大量资料，对中国社会的历史和现状进行分析，有力地论证中国社会的半殖民地半封建性质，肯定中国实行以解决土地问题为中心的民主革命是历史发展的客观要求。论战中的这些研究成果，从理论上为党领导的民主革命提供科学依据。

左翼社会科学工作者在这些宣传、研究和斗争中，逐步提高自身的理论水平。这种提高主要表现在将马克思主义的基本原理与社会科学研究的实际逐渐结合上。尽管这种结合还是初步的，但是已经使社会科学研究出现新的面貌。20世纪30年代初，郭沫若写的

《中国古代社会研究》，是第一部用马克思主义观点系统研究中国历史的著作。此外，哲学、经济学、政治学、社会学诸学科也出现了一批马克思主义的学术论著，成长起像李达、艾思奇、王亚南、郭大力等一批有影响的马克思主义理论工作者。

1936 年春，根据形势需要，为建立文艺界抗日民族统一战线，"左联"自动解散。20 世纪 30 年代前期的左翼文化运动，对中国近代思想文化发展进程作出的历史功绩，特别是在国民党统治区人民中传播进步思想、促进抗日救亡运动所起的作用，是不可磨灭的。左翼文化运动不仅取得辉煌的成就，而且锻炼出一支坚强的战斗队伍，许多人后来成为党在思想理论界和文艺界的领导骨干。

相关链接——鲁迅、田汉、聂耳故居

上海市是左翼作家运动的重要阵地，漫步在上海市区，可以寻找到一些左翼文化运动名家的生活、工作轨迹。

鲁迅故居位于上海市山阴路上的大陆新村 9 号。这是一座砖木结构，红砖红瓦的三层楼房，鲁迅生命的最后 3 年半居住在这里。馆名为周恩来总理亲题，馆内的 1.7 万余件陈列品，概括地介绍了鲁迅先生的思想发展和战斗历程，重点表现了他在上海 10 年中的社会和文化活动。故居坐北朝南，走进黑铁皮大门，是一个小花园。一楼是会客室和餐室，中间摆着西式餐桌，西墙放着书橱、手摇

鲁迅故居

留声机和瞿秋白去江西瑞金时赠给鲁迅的工作台。二楼的前间是鲁迅的卧室兼工作室。在此期间,鲁迅写了许多战斗性杂文,并编辑《译文》杂志,翻译《死魂灵》等作品。

田汉故居位于上海市静安区山海关路安顺里 11 号。1935 年,田汉在此创作了《义勇军进行曲》歌词,这里也是左翼文化和中共文委活动阵地。2021 年初上海两会上,几位委员联名提交《关于建立上海"田汉旧居陈列馆"的建议》指出:"为更好展示党领导的'左翼文化'运动和田汉同志作为著名艺术家、进步文化艺术运动领导人、国歌词作者不平凡的一生,建议建立上海'田汉旧居陈列馆',使之成为国家红色历史文化展示地和爱国主义教育场所,同时也作为'四史'学习教育的有效载体。"

《义勇军进行曲》曲谱

聂耳故居位于上海市徐汇区淮海中路 1258 号三楼。公寓建筑为三层砖混结构，底层沿淮海路面设计为商铺，二、三层为住宅，每层以三联式钢窗为单元，窗周墙面装饰有棕褐色泰山贴面砖，中间落地窗外皆有铸铁围栏的小阳台挑出，北侧三层为晒台，正房有壁炉。聂耳于 1934 年 12 月至 1935 年 4 月在此居住。此外，聂耳在上海市还另有公平路、常德路、淮海中路等故居。聂耳是《义勇军进行曲》的作曲者，他从小家境贫寒，对劳苦大众有深厚感情，在有限的生命中创作了数十首革命歌曲。

第八章　永不消逝的电波

——李白烈士故居

　　李白烈士故居，位于上海市虹口区黄渡路107弄（原亚细亚里）15号，是李白烈士生前在上海进行革命斗争工作和居住场所之一。

　　1937年10月，李白奉党组织派遣，化名李霞赴上海从事秘密电台工作。1948年底，李白被捕，1949年5月7日夜，被害于浦东戚家庙。李白为了秘密工作转移了多处住宅，这里是他就义前的一

李白烈士故居全貌

李白烈士故居

李白烈士雕像

处，也是唯一的纪念馆，1985 年列为上海市文物保护单位，1987 年
5 月 7 日正式对外开放，陈云为故居题字。2003 年 1 月，故居被上
海市人民政府命名为"上海市爱国主义教育基地"，现为上海市文物
保护单位。

李白烈士故居是一幢坐南朝北的三层砖木结构的老式洋房，建
筑面积为 400 平方米，为黄褐色的鹅卵石外墙，底层六边形凸出墙
面，奶黄色的大门，左右两旁镶嵌着李白烈士故居紫铜色挂雕和烈
士浮雕。故居一楼二楼辟为烈士事迹陈列室，序厅里置放着李白烈
士全身塑像。

陈列图片内容分投身革命洪流、战斗在敌人心脏、永不消失的
电波三个部分，系统地介绍李白生平和战斗业绩，通过珍贵的历史
照片、李白使用过的实物和李白使用过的电讯工具，以及史料图片
等，详尽地介绍了年仅 39 岁的李白烈士短暂的一生。三楼及阁楼，
曾经是李白和裘慧英夫妻的住所，如今按照裘慧英老人（已故）的
回忆，恢复了当年居室的原貌，居室中有李白使用过的大橱、五斗

故居纪念馆内景、陈设

橱、沙发和装发报机用的皮箱、竹篓等实物。

2021 年，故居完成建馆以来最大规模的修缮改造及展陈改版工程，展陈主题为"电波不逝，信念永存"，充分运用"声、光、电"技术，使展陈形式更为丰富饱满，更立体、更全面地展现李白烈士的功勋业绩和崇高精神。

李白其人

李白烈士

李白（1910—1949），原名李华初，化名李霞、李静安，湖南浏阳人，中国工农红军最早的报务员之一，1925 年加入中国共产党，1930 年 8 月参加中国工农红军。

李白出生于湖南省浏阳县张家坊板溪村的一户贫农家庭，9 岁上小学时恰逢五四运动爆发，学校老师深受五四运动革命思潮影响，经常给学生宣读《新青年》《湘江评论》上刊载的文章，使李白从小就受到革命思想的熏陶。13 岁那年，因家里实在没钱交学费，李白便辍学外出务工，到染坊当学徒。这种经历，让他深深体会到社会的不公。因此，大革命开始后，在火热的农民运动高潮的带动下，李白政治上日趋成熟，15 岁就加入了中国共产党。1927 年蒋介石发动"四一二"反革命政变，李白故乡张坊的地下党组织决定建立农民武装，李白走村串户向群众宣传"只有开展武装斗争才能取得革命胜利"的道理，并参加湘赣边界秋收起义。起义失败后，李白根据组织安排回到家乡，继续向农会会员做宣传鼓动工作。1928 年，李白离开家乡追随革命部队，1930 年参加中国工农红军第四军，后任通信连指导员。

1931 年 6 月，红四军党委选送李白去瑞金中央军委无线电学校第二期无线电训练班学习，结业后分配到前方电台任台长兼政委，从此与无线电通信事业结下不解之缘。1934 年 10 月，李白随中央红军开始长征。长征途中，常遇敌人炮火攻击，李白用自己的身体掩护电台，一再强调他离不开电台，"电台重于生命"成了长征途中无线电队的口号，也成为李白的座右铭，信守一生。

全民族抗战爆发后，党中央为了加强上海的地下情报工作，于 1937 年 10 月派李白到上海筹备建设秘密电台，搜集日军情报。当

李白贝勒路秘密电台遗址旧照

李白使用过的工具

时，无线电台和零件是受到管控的战略物资。为了避免发报机损坏找人维修不利于隐蔽，李白到上海后便萌生了自己学习修机器的想法。党组织根据李白的建议，决定对外开一家"福声无线电公司"。于是，李白一边当"账房先生"，一边学习电台安装和修理技术，并和战友涂作潮一起将收音机改装成收报机，加上发报机，组装起一部电台。在当时环境极其险恶的上海，李白克服各种困难，用无线电波在上海和延安之间架起"空中桥梁"，及时地向党中央传递重要的军政情报。李白故居中，陈列着两个凳子，一个20厘米高，一个不足50厘米。当时身高将近一米八的李白，把机器放在高凳上，蜷缩在矮凳上进行收发报，工作起来最少2个小时。

1942年9月，日军在对秘密电台的侦测中逮捕了李白夫妇，日本宪兵把李白和裘慧英分别关押进行刑讯逼供，但他始终不吐真情，一口咬定是自己的私人电台。1943年5月，经党组织多方营救，李白终于获保释。

之后，党组织先后派李白到浙江的淳安、场口和江西的铅山之间从事秘密工作，直到 1945 年抗战胜利后，党组织又重新把李白调到上海继续从事秘密电台工作。1948 年 12 月 30 日凌晨，李白在与党中央进行通信过程中，被国民党特务机关测出电台位置而被捕。被捕后，李白经受了敌人高官厚禄的利诱，遭受了酷刑的逼供，但他始终坚贞不屈，次年 5 月 7 日在浦东戚家庙被国民党杀害，年仅 39 岁。李白为新中国解放作出了卓越的贡献，2009 年 9 月，在中华人民共和国成立 60 周年之时，李白入选"100 位为新中国成立做出突出贡献的英雄模范人物"。

李白虽然工作在隐蔽战线，又很早牺牲，但他的功绩、他的精神，在共和国的历史上依然熠熠生辉，激励着无数后人。

真假夫妻

　　1937年七七事变后，中共中央计划在国民政府所在地南京建立通信电台，军委三局根据这一计划，派遣李白赴南京负责此项工作。虽然李白希望上前线，但还是愉快地服从了组织调动，之后由于种种原因，南京涉台计划未能实现，组织便调遣李白到上海工作。

　　1937年10月，李白来到上海，从长期部队战斗生活到突然转变成为一名地下工作者，他还有些不习惯。据战友申毅回忆，那时李白见到有钱有势的人，会马上露出不屑的态度，而遇到乞讨者，又会毫不犹豫地慷慨解囊，很多次都是身无分文地回来，举止神态总是显得与身份不符。直到一年后，李白才慢慢融入上海社会。

李白和妻子裘慧英

　　由于李白是单身，当时以这样的身份租住房子很容易引起特务的怀疑。为了长期潜伏，1939年中共上海党组织领导人决定安排女工出身的地下党员、年仅21岁的纱厂女工裘慧英假扮成李白的妻子，以掩护电台工作。裘慧英前来接头时，对穿着长袍、戴着眼镜的李白很看不惯，甚至偷偷去找领导上海工运斗争

李白全家照片（摄于上海 1946 年 1 月 19 日）

的市委副书记马纯古问："看了看，不像个同志，会不会有错？"

　　就这样，李白和裘慧英以"夫妻"的身份开始了工作，为了排除干扰，也为了工作安全，李白常常在凌晨 0 点到 4 点的时候，在房间里挂上厚厚的双层深色窗帘，将 25 瓦的灯泡换成 5 瓦，再蒙上一块布，随后又在电键下面垫一张纸片，以减轻声响，做好这些准备后，才"滴滴滴、答答答"的开始发报。由于无线通信工作需要高度集中的精神和娴熟的技术，所以每当李白一戴上耳机，完全沉浸在电波中的时候，裘慧英便主动地担当起"警卫"和"妻子"的角色，主动关心李白的工作和生活。他俩同甘苦、共患难，在长时间的工作接触中，渐渐地超越同志间的友情，相互爱慕。1940 年 12 月，经党组织批准，他俩成为一对真夫妻和生死与共的隐蔽战线战友，并有了儿子李恒胜。从假结婚到真夫妻，他们从革命感情发展到荣辱与共，难以分割。

三次入狱

秘密电台的工作时刻充满着危险，只要开机工作，就会遭到敌特的无线电侦察，随时有可能被捕牺牲。李白很坚决，他对组织说："党需要我到哪里，我就到哪里！只要我的工作对党有益，对人民有利，我一定努力去完成！"铮铮铁骨，其言可证。最令人感动的是，李白的电台三次被破坏，他三次遭受逮捕，落入虎口，但视死如归、从未屈节。

第一次发生在1942年9月的中秋节前夜。当时太平洋战争爆发后，日军占领了上海的租界区，不断破坏党组织，大肆搜捕共产党人，并用无线电测向仪侦测党组织的电台。李白夫妇刚转移到建国西路福禄村10号的一幢三层楼里，为求安全，将发报机功率从75

汪伪特务魔窟原址

瓦降低到 15 瓦。即便如此，仍然在一次工作时被日特侦破，发完电报的李白和裘慧英夫妇被日本宪兵双双抓捕。当时，李白正在发一份重要的电报，他听到敌人的声音，十分冷静，快速地把最后一排电文发完，并在结尾连加三遍"再见"，暗示远方的战友自己遇到了危险。

李白夫妇被捕后，分别被关押在两处进行刑讯逼供。李白刑讯中看出敌人并未掌握多少实情，一口咬定自己是为了商业投机而私设的商业电台。敌人先用老虎凳，后又拔掉他 10 个指甲，最后用电刑致李白昏死过去，李白一次又一次昏死、一次又一次沉默，始终保守着党的秘密，坚决不暴露真实身份。由于当时上海各种投机商十分猖獗，敌人又无法掌握确切的消息，一个月后只得将裘慧英释放，但李白被转移到极司菲尔路（今万航渡路）76 号汪伪特工总部关押。

后来，日本方面派了一个无线电专家对李白的"收音机"进行反复检验，最后作出技术鉴定结果：这不是电报机，没有收报功能。原来，李白的电报机平时就是一个收音机，把它接上小线圈就成了收报机。就在日军破门而入进行搜查的几秒钟内，李白用力拉掉了两个临时焊接的小线圈，揉乱丢弃在一边，所以就失去了收发电报的功能。之后，由于日伪实在找不到证据，1943 年 5 月，经党组织营救，李白终于获释。出狱后，夫妇二人靠找临时工作度日，待机而动。

第二次是 1944 年秋，抗日战争正处在大反攻的前夜，形势错综复杂。党组织安排李白打入国民党的国际问题研究所任报务员，改用化名李静安，经常往返于浙江淳安、场口和江西的铅山之间。他利用职务之便，用公开的电台为党秘密传送日伪和美蒋方面的大量战略情报，为我党在抗战的战略反攻中起了重要作用。一天，李白带着电台回到淳安，在船上一个国民党兵搜到了李白装在箩筐里的收发报机，导致他又一次被捕。因当时与国民党的统一战线关系，有国际问题研究所这个身份做挡箭牌，经党组织营救，第二天李白从警察局被保释出来，有惊无险脱离虎口。

抗战胜利后，1945 年 10 月，李白夫妇返回上海，李白仍以国际问题研究所职员的身份作掩护，携夫人住进黄渡路 107 弄 6 号，电台也设在这里，利用晚上时间做秘密电台工作。国际问题研究所撤销后，李白夫妇搬迁到 107 弄 15 号。凭借精湛的无线电技术，李白取得善后救济总署渔业管理处电器设备修理工的公开职业。这份工作十分辛苦，渔业管理处远在复兴岛，上下班都是早出晚归，到深夜还要一如既往用电台保持与党中央的联系。为此，他一再更换住址。

第三次是 1948 年 12 月 30 日凌晨，李白夫妇在上海的最后住址——虹口区黄渡路 107 弄 15 号（现为李白烈士故居纪念馆）被捕。此处三层的小阁楼，就是李白每天深夜与党中央社会部党台联络的工作间。就是在这里，他发出了一份份标明"十万火急"、"万万火急"的敌方情报。12 月 29 日晚，李白向党中央发出涉及国民党江防计划的绝密电报。国民党特务竭尽各种手段利用新装备的美国雷达探测仪，采取分区停电、暗中抄收信号的办法，侦测到了李白电台所在的区域。很快，他的住处被军警包围。裘慧英听到外面有动静，立即告知李白。李白马上意识到问题的严重性，但没有将宝贵的时间用来脱身，而是飞速地把最后一份电报发完，再把电文稿撕碎丢入抽水马桶冲走，而后将天线、机器拆散藏于壁橱里，并嘱咐妻子裘慧英把三岁的儿子李恒胜送到楼下邻居家里。这些工作刚刚结束，多名敌特就破门而入四处搜寻，藏在壁柜里的收报机被发现时机内热气还未消散。就这样，李白被国民党特务再次抓捕。这一次，李白的身份完全地暴露了，再也没能从狱中走出来。

精神永传

李白第三次被捕后，国民党特务把李白押到淞沪警备司令部刑讯室里，对李白施以种种惨无人道的酷刑，连续审问逼供30多个小时，使用了30余种刑具。他们用钳子拔光了李白的指甲，把竹签钉入他的手指；老虎凳上的砖块一直加到五块，几乎弄断了他的双腿；灌辣椒水，用烧红的木炭烙在他身上……李白被打得遍体鳞伤，每次都昏死过去，又被冷水浇醒，但他始终坚贞不屈，咬紧牙关，拒不吐露半个字，保护了上海地下党组织的机密，保护了预备电台。特务们大汗淋漓，却没能从李白口中得到一点有用的情报。

血肉之躯，几经折磨，毫无动摇，这是怎样坚定的革命信仰和

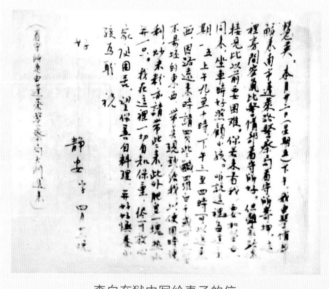

李白在狱中写给妻子的信

必胜信念啊！1949年5月7日，妻子裘慧英带着儿子，借助看守所旁边老百姓家的阳台和李白见面。李白的两条腿被老虎凳折断了，手指甲被老虎钳拔光了，浑身是伤，满脸是血，站不起来，只能靠着难友的挽扶，透过监牢的窗户，与妻儿遥望。看着被敌人折磨的不能辨认的李白，裘慧英抱着孩子掩面而泣。

"以后你们不要来看我了。"李白缓缓地说。

"为什么？是不是判决了？"裘慧英急忙问道。

"不是，天快亮了，我所希望的也等于看到了，今后我回来当然最好，万一不能回来，你们和全国人民一样，能过上自由幸福的生活！"

看着泪眼相对的父母，年幼的李恒胜还不知道发生了什么事，只顾着伸着手喊着："爸爸，抱抱！爸爸，抱抱！"

李白看着年幼的儿子，笑了，张开双臂大声说道："爸爸过几天就回来抱你。"

可是，这个抱抱，李恒胜再也没有等到。

孩子呼喊着爸爸，父亲怜惜着孩儿，妻子心疼着丈夫……谁不求生？谁不顾家？谁不怜妻儿？李白用生命践行信仰，至死不渝。国民党无计可施，蒋介石手令"坚不吐实，处以极刑"。5月7日当晚，敌人将李白等12

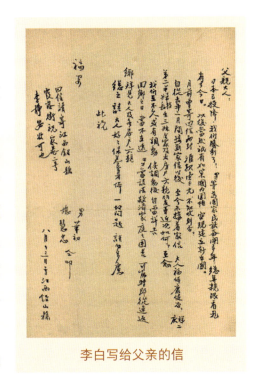

李白写给父亲的信

位同志押送到戚家庙，秘密杀害。李白牺牲时，距上海解放只有20天。

上海解放后，中共中央情报部代部长李克农急电上海市市长陈毅速速查找老战友李白的下落。1949年6月17日，陈毅以上海军管会的名义，向上海市公安局发出"008"号电文："兹于1937年冬，延安党中央派往上海地下党工作之李静安（即李白）同志，去向不明，特劳查。"上海市公安局接电后，立即指定专人与李白夫人裘慧英同志一起进行调查。6月20日，上海市公安局专案小组在戚家庙后面挖出了12具五花大绑、弹痕累累的烈士遗体，其中就有李白烈士。1949年8月，中共上海市委将李白、秦鸿钧、张困斋等烈士的遗体安葬于虹桥公墓，并举行了隆重的追悼会，正式追认革命烈士，立碑纪念。

得知老战友李白牺牲的消息，李克农非常难过。革命年代共同经历风雨，却没有一道迎来革命胜利的彩虹，李克农深深为老战友的牺牲感到惋惜。1955年，李白烈士因"潘汉年案"受到牵连，各种不实的污蔑之词加在他的头上。在这样的背景下，李克农顶着巨大的压力向党中央建议："要拍部电影，表现战斗在敌人心脏的英雄李白。"

1958年，根据李克农的回忆，八一电影制片厂以李白烈士为人物原型，参考了其他几位烈士的事迹，拍摄了电影《永不消逝的电波》，以纪念在上海长期从事党的地下电台工作的同志们。影片《永不消逝的电波》一经上映，迅速在全国产生了强烈的反响，至今已被翻拍过数次，成为了几代国人心中永恒的红色经典，教育了一代又一代人。邓颖超同志曾高度评价李白"为了党的利益，最后献出了自己的生命"，"永远值得我们怀念"。1978年，影片在南斯拉夫国际电影节上放映，女主角袁霞获得最佳女演员奖。

相关链接——中共中央第一座无线电台遗址、浏阳李白烈士故居

在上海市静安区延安西路420弄（福康里）9号，位于镇宁路东面的圆明讲堂外，伫立着一块碑，上面写着"中共中央第一座无线电台遗址"几个大字，碑上还写着：1929年秋，中共中央在这里建立第一座无线电台，由李强负责机务，张沈川负责收发报。年底，李强等到香港开设分台。经香港分台的转递，在上海的党中央和江西中央苏区开通了无线电联系。

这里，便是中共中央第一座无线电台遗址，是红色无线电通信的起源地。原建筑是一幢三层楼的石库门房子，因市政建设被拆除，所在地块改建为美丽园大厦。

中共中央第一座无线电台遗址

1928 年，中共六大以后，全国革命形势有了新的发展，红军和各个根据地不断发展壮大。为保障通信，中共中央决定由主持军委工作的周恩来负责领导创建电台和培训无线电通信人才。1928 年 6、7 月间，在苏联的周恩来指派毛齐华、方仲如等 6 位留苏学生进国际无线电训练班学习。1928 年 11 月，周恩来回到上海，立即与李强（时任中央特科四科科长）和党员张沈川（时任中共上海法租界法南区支部书记）谈话，要他们克服一切困难，学会无线电通信技术。1929 年 1 月，党中央又派涂作潮、宋濂等到列宁格勒伏龙芝军事通信联络学校学习通信技术。

1929 年秋冬季，距离四一二反革命政变过去两年，上海被白色恐怖深深笼罩。就在这时，李强和张沈川两人将中共中央第一座秘密电台落户于上海大西路福康里（后延安路 420 弄）9 号。这幢石库门三层楼房的房客是张沈川与"女主人"蒲秋潮，为掩护工作，他们扮作夫妻出双入对。可以说，这推动当时处于大革命失败后的中国革命走出低谷，更是推动一个又一个胜利的到来。

第一部电台由李强和张沈川共同按图制作。李强负责机务，张沈川负责收发报，他们分别在楼上楼下练习发报收报。在当时没有联络对象的情况下，张沈川每天夜间抄收柏林、旧金山等电台的国际新闻，研究编制密码的方法，还用业余无线电台的频率和呼号进行呼叫，与其他业余电台进行联络。首部电台虽然略显粗笨，功率也只有 50 瓦，但作为中共中央第一部无线电通信设备，弥足珍贵。

李强、张沈川不仅建立电台，还承担起为各地培养通信人才的重任。当时由于电台功率较小，广西百色等偏远革命根据地的信号必须经由香港转发。1929 年底，李强和黄尚英到香港开设分台。1930 年 1 月，沪港间实现通报，密码由周恩来亲自编制，名为"豪密"。第一份电报是邓颖超译出的，内容为"广西百色起义成功了!"使用的正是邓小平在香港与李强当面约好的呼号、波长和时间。为躲避国民党政府和巡捕房的日夜搜捕，中央电台又陆续转移到赫德路（今常德路）福德坊 1 弄 32 号、慕尔名路兴庆里（今茂名北路 111 弄 17 号）等处。党的无线通信事业由此兴起，为中国革命的胜利作出卓越贡献。

1929 年，李强在上海研制出第一部电台时，只有 24 岁；20 年后的 1949 年，李强从上海石库门来到北京天安门。国庆大典上，毛主席在天安门城楼上的庄严宣告声通过电波传遍全世界，留下了震动寰宇的时代强音。那一刻，作为无线电专家和首任广播事业局局长的李强，成功完成开国大典现场扩音及实况转播的重要任务。

浏阳李白烈士故居位于湖南省浏阳市张坊镇白石村板溪组，始建于清朝雍正十二年（1743 年），2010 年在上海市虹口区李白亲属、张坊镇及家乡人民的关心支持下，在其原有遗址基础上按原型进行恢复修建，共有大小房间 16 间，建筑面积 800 多平方米，成正方形的布局。占地面积 2000 多平方米。故居进行复原陈列并辟有李白烈士的生平事迹陈列展览室。同年，对外开放。建筑为四合院式复古、仿原型，采用土木结构，青瓦盖顶，青砖铺地，当地传统老式门窗。在故居中设陈列室，分序言和少年壮志、电波情缘、战斗在敌人心脏、永不消逝的电波四个部分，以时间为线索，展示李白烈士走上革命道路，在江西苏区、长征路上和上海生活、工作一系列感人事迹，彰显李白烈士的丰功伟绩和人格魅力，弘扬他忠于党、热爱祖

浏阳李白烈士故居

国,机智勇敢、忠贞不屈、不怕牺牲、无私奉献的伟大精神与高尚品德。故居前设文化广场,后临板溪水库,群山环抱,空气清新,环境非常优美。

2010年6月12日,李白烈士故居被列为浏阳市文物保护单位,浏阳市、长沙市爱国主义教育基地,长沙市密码干部传统教育基地。根据国家安全部政治部《关于浏阳李白烈士故居事项的批复》(国安政〔2013〕91号)文件精神,同意将其命名为"全国国家安全教育基地",并在故居内增设反映我党隐蔽战线斗争历史的小型展览。李白烈士故居是李白烈士追求革命理想的起点和学习成长的历史见证载体,同时也是开展爱国主义教育、革命传统教育、国家安全教育的重要场所。

第九章　唤起工农千百万

——陈云故居

　　青浦区练塘镇下塘街 95 号是一座坐北朝南、砖木结构的清代老式江南民居。据史料记载，陈云外祖父随太平军转战青浦一带，因安身定居之需而买下此处。陈云自 1911 年至 1919 年，在这里度过了他的童年和少年时期。故居北面临街部分为店面，店面后是两层小楼，楼下为陈云房间，故居的陈设基本保持了当年的原貌。

青浦区练塘镇下塘街 95 号

陈云纪念馆

　　2000 年 6 月 6 日，陈云诞辰 95 周年之际，"陈云故居暨青浦革命历史纪念馆"建成开馆。2005 年 6 月 8 日，陈云诞辰 100 周年之际，陈云铜像在纪念馆落成。2013 年 5 月 26 日，更名为"陈云纪念馆"。这是经中央批准建立的全国唯一一个系统展示陈云生平业绩的纪念馆，2017 年被评为国家一级博物馆。纪念馆由铜像广场、主馆、陈云文物馆、陈云故居、陈云手迹碑廊等组成。这里保存着四万余件珍贵文物。展示厅内，一幅幅生动感人的照片，一篇篇精心保存的文献，一段段弥足珍贵的影像，一件件经历风霜的实物，见证了陈云长达 70 多年的革命生涯。

陈云其人

陈云（1905—1995），伟大的无产阶级革命家、政治家，杰出的马克思主义者，中国社会主义经济建设的重要开创者和奠基人之一，党和国家久经考验的卓越领导人。

1905 年 6 月 13 日，陈云出生在一个贫苦农家。自幼生活在社会底层，饱尝艰辛。1919 年，五四运动爆发，唤醒了还在小学读书的少年陈云朴素的爱国情感。1925 年，陈云在上海参加了五卅运动和工人罢工运动。在革命斗争的洗礼中，他认识到，必须改造社会，才能解放人类。这一年，他加入了中国共产党。从此，他开始了职业革命家的生涯，把毕生精力献给了党领导的伟大事业。

陈云的一生，经历了我国革命、建设、改革各个历史时期，是伟大、光荣的一生。在长达 70 年的革命生涯中，陈云先后担任党和军队的许多重要领导职务，参与了党中央在不同历史时期一系列重大决策的制定和实施，多次在党和人民事业发展的关键时刻、在党和国家的重大决策中发挥了十分重要的作用，为新中国的建立、为社会主义基本经济制度和政治制度的确立、为改革开放和社会主义现代化建设，奉献了毕生精力，建立了不朽功勋。

2015 年 6 月 12 日，习近平总书记在纪念陈云同志诞辰 110 周年座谈会上的讲话中指出："陈云同志身上表现出来的坚定理想信念、坚强党性原则、求真务实作风、朴素公仆情怀、勤奋学习精神，永远值得我们学习。"

思想启蒙

陈云少年艰苦，2岁丧父，4岁丧母，6岁时外婆也撒手而去。陈云的舅舅廖文光膝下无子，便认陈云为继子，改名廖陈云，住在江苏青浦县（现上海市青浦区）练塘镇下塘街。幼年的陈云非常好学。1913年，看着渴望求学的外甥，尽管生活困难，廖文光还是送他去练塘镇刘敏安私塾接受启蒙教育。1914年，又送他去贻善初等小学读书。1916年初小毕业后，陈云曾入青浦乙种商业学校学习一般高校课程及珠算、簿记等，但由于经济困难，仅一个多月，又辍学回家，只得在小酒店充当小伙计，帮忙做些杂务，学着算账。在劳作之余，陈云还常偷偷去离舅父家30米的"长春园"听评弹。陈云曾回忆："小时候常跟娘舅去听书，当时听书要付3个铜板买一根竹筹，才好在场子里坐着听书，好听就天天去听，有时大人不去就自己去。没有那么多的钱买竹筹，只好站在书台对面墙角边上，老远地听先生说书。因为是在光线较淡的阴暗角落里，又是站立着听。所以对那些听白书的人称为阴立，又称听壁书。"陈云还因此笑称："我是听'壁书'出身。"

陈云舅父的小酒店里有几位常来的酒客，其中有一位叫杜衡伯，是练塘镇首届公立颜安小学的校长。在小酒店里，杜衡伯常常看到幼小的陈云在忙前忙后。与他交谈，杜衡伯发现陈云口齿伶俐，对初级小学的知识对答如流。于是，他便向廖文光提出，要免费收陈云到颜安小学高小部继续学习。就这样，陈云终于重返校园。陈云

在颜安小学期间，接触到了维新变法、
三民主义等社会变革思潮。随着一些
接受新文化老师的陆续加入，新的思
想也不断涌现进颜安这所传统而古老
的学校。课堂上老师们不但讲授传统
文化，也传播各式各样的新思想。这
对陈云、吴志喜等一大批有为青年的
文化知识的积累，思想品格的磨砺，
都产生了一定的影响。

张行恭

1919 年，五四运动爆发。这个消息很快传到青浦，极大地振奋
了水乡人民的爱国热忱。在老师的领导下，陈云参加了颜安小学高
小部师生组成的救国 10 人团，参与抵制日货、提倡国货，反对帝
国主义侵略中国的宣传和演剧活动，带头印发传单，张贴标语，在
练塘示威游行等等。最重要的是，他还遇到了人生中的第二位良
师——张行恭。

1919 年 5 月，家境贫寒的陈云从颜安小学高小部毕业后，在张
行恭的介绍下登上东去的小船，来到上海商务印书馆当学徒，开始
独立谋生，也开启了他人生新的起点。

领导斗争

上海商务印书馆创办于1897年，是工人阶级比较集中的地方，也是中国共产党成立之后开展活动的一个重要基地。正是在上海这个工人阶级的大本营，在商务印书馆这个工人阶级集中的地方，陈云迅速地成长为工人阶级的优秀分子，并领导了阶级斗争。

陈云从颜安小学高小部毕业来到商务印书馆后，当了2年小学徒。当时的上海商务印书馆，已是中国首屈一指的图书出版、印刷、发行机构。他努力钻研业务，每天从早晨8点一直干到晚上8点，利用一切机会学习新知识，掌握新本领，很快成为行家里手；工作之余，他早晚不辍，顽强地磨炼自己的意志，广泛阅读报刊书籍，挤出时间如饥似渴地坚持学习英语以及政治经济和社会知识。陈云之所以能够成长为中国社会主义经济建设的重要开创者和奠基人，跟他在商务印书馆的经历是分不开的。在这所没有围墙的学校里，他增长了知识，培养了才干，养成了积极稳健的人格。他曾经说，

上海商务印书馆发行所旧貌

自己在商务印书馆不仅学会了如何做事，而且学会了怎样做人。

同时，商务印书馆也是陈云革命道路的起点。在同事的介绍下，青年陈云前往上海通讯图书馆看书，开始接触马克思主义，接触革命思想，积极投身革命实践。他阅读大量的进步书刊，集中研读了一些马列著作和革命书籍，如《马克思主义浅说》《资本制度浅说》《辩证唯物论》《唯物史观》《共产主义ABC》等。通过阅读这些革命书籍，汲取马克思主义思想和政治主张，陈云的政治觉悟和理论水平有了很大的提高。

1925年五卅运动爆发后，陈云积极投身工人运动。8月，时任商务印书馆发行所职工会委员长的陈云参与领导商务印书馆工人大罢工。罢工由商务总发行所虹口分店首先发动，接着印刷总厂、编译所全体工人都参加了罢工，历时6天，最后以资方基本满足工人复工条件告终。12月，陈云再次领导了商务印书馆发行所、印刷所工人罢工斗争并取得胜利。在学习和斗争实践中，陈云目睹帝国主义的凶残面目，也体验到工人阶级和其他爱国群众的斗争热情，坚定了自己的理想信念，立志"专干革命"，并逐渐成长为一名坚定的无产阶级革命家。晚年，陈云对女儿回忆道："从青浦到上海，这在我人生中间是非常重要的一段，这步迈出去以后，才有机会接触到共产党，才有这一生。"经过战斗洗礼的陈云，思想愈加成熟，在1925年8、9月间加入了中国共产党。

入党后，陈云积极参与党的各项活动，1927年2月还曾赴浙江余姚指导并参加那里的工人运动，直到3月才回到商务印书馆。但1927年9、10月间，因遭敌人通缉，陈云被迫离开商务印书馆，开始"专做党的工作"。

农民暴动

1927 年，中国革命形势发生变化。蒋介石背叛革命，发动了对共产党的反革命屠杀，使轰轰烈烈的大革命陷于失败。在国民党反动当局的白色恐怖面前，许多共产党员倒在了敌人的枪口下，一些不坚定的分子或叛变、或颓唐，过去与共产党有联系的群众也大多不敢向党靠拢了。陈云本人也受到国民党政府的通缉，几次险遭不测，幸亏几位工友鼎力相助，才脱离虎口。当时，有人为陈云的安危担心而劝他退党，他的回答却是："铁窗风味，家常便饭；枪毙杀头，告老还乡。"他坚信共产党人和革命群众是杀不完的。

1927 年秋，中国共产党确定了土地革命和武装反抗国民党的总方针，并把发动农民进行秋收起义作为当时的主要任务。对于农民在中国革命中的重要作用，陈云早有认识。他在领导工人罢工的斗争中，曾于 1926 年在商务印书馆发行所职工会的刊物《斗争》上发表《中国民族运动之过去与将来》一文，分析了中国多次运动失败的原因，提出在以农立国的中国，占全国人口百分之八十之强的农民是民族运动中唯一大主力，农民不参加运动，中国革命鲜有希望。在中共早期领导人中，陈云较早地注意到了农民问题，也身体力行地领导了小蒸、枫泾农民暴动，为探索中国共产党革命道路积累了宝贵经验。

大革命失败之后，在民族危急存亡之际，中共中央召开了八七会议，确定了土地革命和武装起义的方针。为贯彻会议精神，陈云

八七会议会址

受中共江苏省委派遣，回家乡青浦领导农民运动。为了不引起敌人注意，陈云没有直奔青浦，而是绕道浙江嘉善西塘镇，在颜安小学同窗好友高庭梁的帮助下回到离家乡练塘不远的小蒸。

当时，陈云经常同吴志喜一起住在小蒸陆铨生及一些农民运动积极分子家里，白天和农民一起劳动，晚上或以拉胡琴、吹笛子、讲山海经等形式吸引广大农民，或到农民家中，向他们宣传革命道理，并且在小蒸、练塘地区的几十个村子还成立了农民协会，多名农会骨干参加了共产党，青浦西乡第一个农村党支部得以建立。农历十月初一，是江南地区举行传统庙会的日子，被称为"十月朝"。陈云利用这个机会，到青浦小蒸镇庙会上向3000多群众发表演讲。他历数地主豪绅剥削和欺压农民的事实，指出农民解放的唯一道路，就是打倒土豪劣绅，推翻国民党反动政权。他号召大家团结起来，抗租抗息，同地主恶霸进行坚决斗争。这次讲演产生了广泛的影响，陈云回家乡领导革命的消息也不胫而走。青浦的农民运动在陈云的领导下一触即发。

11月，中共江苏省委决定成立中共青浦县委，任命陈云为书记。在陈云和青浦县委的领导下，青浦几十个村子迅速建立起农会组织，到年底已有 5000 名农民加入农会，并掀起大规模的抗租抗息运动。当年，农民没有向地主交一粒谷子，过了一个从未有过的不交租之年。农民抗租运动的掀起，使青浦的地主豪绅心惊胆战。他们怀恨在心，意图反扑。1928 年 1 月 3 日，小蒸一大地主勾结国民党警队，荷枪实弹下乡逼租，气焰十分嚣张。为了巩固农民取得的抗租成果，陈云趁势组建农民武装队，发动了小蒸暴动。农民武装队于 5 日晚攻入小蒸，9 日又袭击了范浜新镇保安团团部，缴了团防局（地主武装队）的枪，并处决了几名罪大恶极的地主豪绅。

由于枫泾是江浙之间沪杭铁路线上的重镇，反动势力顽固嚣张。陈云、吴志喜、袁世钊、陆龙飞、顾桂龙等又决定发动"枫泾暴动"，于 1 月 22 日农历除夕的那天攻打枫泾。在半个多月的时间里，陈云等人带领农民军镇压了十多个地主豪绅，袭击了多个地主武装团防局，收缴了一批枪支武器。面对声势越来越大的农民武装，国民党当局也进行了疯狂的反扑，结集镇上的驻军和青、松两县的军警，在晚上水陆并进，搜查捕捉农民革命军。暴动惨遭失败，200余名共产党员、农民骨干被捕，50 多人入狱。随后，青浦、松江两县国民党反动政府又先后进行了 7 次大规模武装搜捕，陈云等 24 名"案犯"被通缉，且名列"首要各犯"。但是，陈云不顾危险，周旋于松江地区营救被捕的吴志喜和陆龙飞，终因敌人的力量过于强大，营救失败，吴志喜、陆龙飞被敌人杀害。随后，陈云隐蔽到浙江嘉善。在避居嘉善期间，他经常巡视并指导松江地区党的工作和农民运动。

陈云领导的小蒸、枫泾暴动虽然遭到严重挫折，但却播下了革命的种子，点燃了革命之火，为革命高潮的到来奠定了基础。在当时敌人力量比较强大的上海、江苏地区高举暴动的义旗，对封建地主和国民党反动派是一个有力的打击。同时，这次暴动密切地发动了广大群众的抗战积极性，锻炼了广大农民群众的战斗觉悟，扩大了我党在上海、江苏农村的影响。

1928 年 7 月中共江苏省委组建中共淞浦特委，指定由陈云担任特委委员兼组织部部长，并于 11 月吸收他进入省委工作，派他负责外县的农民运动。按照省委的指示，1929 年 2 月和 3 月间，陈云先后参加领导了奉贤县委和金山县委发动的攻打庄行和新街恶霸地主宅院的农民暴动。此后，他又被调入江苏省委任沪宁巡视员，负责对苏州、无锡、常州、丹阳、镇江、南京一线的秘密工作进行巡视。陈云在巡视过程中，详细了解各地党组织和农运的实际情况，深入思索各地农民运动的斗争策略和步骤，写下 10 余份文件，共 4 万余字，其中有《江苏省委致崇明县委信——对工农斗争与目前中心任务及各项工作的指示》《江苏省委致涟水县委信——新形势下群众斗争总路线与红刀会工作》等。1929 年 8 月 15 日，江苏省委领导班子改组，陈云被增补为省委常委，担任农民运动委员会书记，指导了天宁寺农民斗争，直到斗争取得初步胜利后，才离开常州返回上海。

天宁寺农民暴动之后，陈云进一步探索农民运动斗争规律，形成对江苏农民运动的整体认识。1929 年 11 月，他代表省农委在中共江苏省第二次代表大会上所做的《江苏农民运动》报告中，系统阐述了他关于江苏农民运动的思想。他指出：江苏农民运动"是广大贫苦农民为切身利益而进行的斗争"。党在领导农民斗争中，应采取加紧争取群众、深入开展土地革命、进行游击战争的政治路线。要利用多种形式发动农民，"使各种日常斗争互相推动，汇合成反对帝国主义、封建势力的总斗争"。在这次代表大会上，陈云被中共江苏省委执委会推选为候补常委，继续兼任农委书记的职务。会后，江苏农民斗争贯彻党的正确政策和策略而得到蓬勃发展，武装斗争也大有起色。

最爱"红旗"

说到中国的国产车品牌，红旗牌轿车可谓家喻户晓，在新中国的历史上，有太多的事件都是与"红旗"有关的。在国人的心目中，"红旗"这两个字也早已经远远超出了一个轿车品牌的含义，有着其他汽车品牌不能替代的位置。

2002 年底，为增强纪念馆陈列展示内涵，提升教育效果，以更好地迎接陈云同志诞辰一百周年活动，纪念馆领导班子研究决定把征集红旗牌轿车作为 2003 年重要工作之一。纪念馆领导专程到北京向陈云夫人于若木汇报，得到肯定和支持。2003 年 10 月纪念馆专程向中共中央办公厅呈文提出征集红旗车的请示，中央办公厅同意将存放在中南海的陈云 1978 年以后乘坐过的红旗牌轿车给我馆展出。2004 年 3 月 16 日，纪念馆领导专程赴北京接受红旗牌轿车。当天下午在中央警卫局办公室领导的安排下举行了简单而又隆重的交接仪式。3 月 17 日，红旗牌轿车在北京南苑空军机场装车托运，3 月 19 日 11 时 40 分，红旗牌轿车安全抵达纪念馆。

此后，陈云纪念馆的展厅里就展示了这辆红旗牌轿车，这辆红旗牌轿车由吉林长春第一汽车制造厂生产，其型号为 CA770，其中 C 代表中国，A 代表第一汽车制造厂，7 是轿车固定编号；生产序号 0639；车牌号为"甲 01 2162"。车身长 6 米，宽 2 米，高 1.7 米，前后座舱内设有升降隔离玻璃，确保了后排的私密性。后排空间相当宽敞，并且中排座椅为折叠式，以供随行人员乘坐。这辆红旗轿

红旗牌轿车 CA770

车重4930公斤，最高时速130公里，车窗玻璃厚65毫米，轮胎弹穿后可继续行驶100公里，因此在当时被誉为"世界上保险系数最高"的轿车。这辆车在整个的设计风格上也充满了中国特色，车身造型庄重典雅，内部空间宽敞明亮，宫灯型尾灯独具一格。据有关资料显示，当时一汽的口号是"乘东风，展红旗"，侧标的"三面红旗"代表的是"大跃进、总路线、人民公社"。

陈云规定：他乘坐的红旗车，家里任何人都不能乘坐。他给家人定下"三不准"原则：不准搭乘他的公务车，不准翻看、接触他看的文件，子女不准随便进出他的办公室。陈云还特别向夫人于若木交待，要让自己的子女从小就像普通家庭的子女一样生活和学习，不准搞任何的特殊化，以免沾染不良习气。为了践行"三不准"，陈云专门给夫人于若木购买了一辆天津自行车厂生产的"红旗"牌自行车，于若木戏称"自行车是我进出中南海的老坦克"，还高兴地说："现在我们家的院子里停了两辆红旗牌车子啦！"一直到后来，于若木

陈云纪念馆的"红旗"牌自行车

因为一次骑着自行车在上班路上摔了一跤，这辆自行车才就此给了他们的女儿陈伟华。这辆自行车现在已由家属捐赠陈云纪念馆保存。虽然车身锈迹斑斑，却十分具有教育意义。

陈云只乘国产车，从来不乘进口车。曾在陈云身边工作过的何宝生，深有感触地说："在杭州，陈云外出从不坐进口轿车，总是坐国产红旗车。他外出不搞前呼后拥，只带秘书和几个随身警卫，车辆也是最少的，轻车简从。"针对20世纪80年代中期，在一些党政领导干部中，乘坐进口轿车之风越刮越盛，车的档次也越来越高。广大干部群众对此十分不满，陈云听到了这些反映。1986年1月14日午睡前，陈云吩咐身边的工作人员，明天开三辆轿车过来，一辆是德国"奔驰"，一辆是日本"皇冠"，一辆是中国"红旗"，他要看看，到底是外国汽车好，还是国产汽车好。

第二天，三辆车子停在门口。当时陈云身边的警卫员赵天元回忆："我告诉陈云，那三辆车都在门口停着呢，现在要不要看啊？"他回答说："看，现在就看！"来到停车的地方，他扫视了一下三辆轿车，脸色有点严肃，径直向"皇冠"车走去。我连忙开车门，扶他坐在后排座位上。他用拳头捶了两下座位，试试弹性如何，说："我看这车不能坐，再好也不能坐！"他下了"皇冠"车，来到国产"红旗"牌轿车前，我随手拉开车门，问"坐一坐吗？"他很干脆地回答："上去坐一下子。"在后排座位上，他靠了一会儿，这才下车，就准备回房间去，我们指着"奔驰"车说："还有这一辆呢，坐不坐？"他扭头看了一眼，说："我懒得坐！"回到办公室，他说："买进口车是需要外汇的，国家外汇是有限的，买汽车花那么多外汇，别的大事就干不成了。老汉不坐外国车，坐着心里也不安，不踏实呀。还是坐我们国产车心里踏实。老汉就坐红旗车。"

自从长春第一汽车制造厂依靠自己的力量生产出"红旗"轿车后，陈云就认定红旗作为自己的用车。这辆"红旗"轿车伴随着陈云走完了他的生命里程，迎送他骨灰的依然是他生前乘坐过的这辆"红旗"轿车。陈云逝世后的第二天，他的夫人于若木就把这辆红旗车送还给了中共中央办公厅。平生最爱是"红旗"，这让我们看到了闪耀在陈云身上那共产党员公私分明的高尚品格。

相关链接——小蒸农民暴动指挥所旧址、 枫泾农民暴动指挥所旧址

　　小蒸农民暴动指挥所旧址位于经青浦区练塘镇三官桥路86弄，这是一座传统民居。坐北朝南，砖木结构，原是小蒸地区著名中医陆少泉（即与陈云、吴志喜等一起从事革命工作的共产党员陆铨生的父亲）的住宅。大革命时期是练塘地区革命活动重要场所之一。八七会议后，陈云到练塘小镇地区传达会议精神、恢复农民协会、组织农民暴动、建立青浦第一个农村党支部、成立中共青浦县委，与农民军领导人吴志喜、陆龙飞等研究抗租减息的暴动。此间楼下客堂便成为暴动的指挥场。

小蒸农民武装暴动指挥所旧址

　　1928年1月3日在陈云的直接领导下，由吴志喜等率领农民举行武装暴动，但遭到敌人围捕。农民革命军总指挥吴志喜和副总指挥陆龙飞等因弹尽援绝英勇就义，最终小蒸、枫泾地区的暴动在国民党的残酷镇压下失败了。

　　1961年5月，小蒸农民暴动指挥所旧址被公布为青

浦县文物保护单位。1983 年初，中共小蒸乡党委开始在旧址筹建小蒸农民暴动陈列馆，1984 年建成对外开放。陈列馆建筑面积约 180 平方米，陈列面积 120 平方米。主要陈列大革命时期农民暴动使用过的手枪、步枪、大刀、铁尺等 22 件，以及陈云、吴志喜、陆龙飞等领导人使用过的床、桌、椅、凳、茶壶、衣物等 70 余件，还有 90 幅照片、图片和大量有关暴动的文书资料。1984 年 3 月青浦县委宣传部、县档案馆、县志办、县民政局等单位举行小蒸农民暴动陈列馆陈展仪式。

1994 年，陈列馆被县委县政府命名为青浦首批爱国主义教育基地。1999 年因陈云故居暨青浦革命历史纪念馆建设的需要，将暴动陈列馆展品移交给陈云故居暨青浦革命历史纪念馆，2001 年由青浦区人民政府公布为青浦区文物保护单位。2008 年 3 月，被列为青浦区爱国主义教育基地。2009 年，经过整修的旧址重新对外开放。

旧址的底层中间客厅复原了陈云在家乡调查召开十余次座谈会的场景，二楼是陈云与中央农村工作调查组人员生活起居的地方，底楼东西两间设立《陈云与小蒸地区农民武装暴动》专题展览。展览从暴动的起因、暴动的过程、暴动的影响三个方面，通过一幅幅照片、一段段文字，系统地展示了大革命失败后，陈云受党组织的派遣，回到家乡领导农民武装暴动的史实。

现松江区新浜镇的大方庵，位于松江、金山、青浦三县交界处，紧靠沪杭铁路是一座建于清代中期的寺院。四合院落，黄墙黛瓦，大方庵如今依然香火缭绕。这座寺庙始建于清朝，曾经年久失修，1991 年后殿失火，房屋严重受损。为纪念枫泾暴动这一光荣的历史事件，松江县政府当年拨款对该寺进行修葺，并新建"枫泾暴动史

枫泾农民暴动指挥所旧址

料展"陈列馆，陈列了 40 余幅珍贵的图片，生动展示了陈云领导的枫泾暴动的革命史实。2002 年，松江区新浜镇精神文明办在大方庵西侧重建史料展陈列室。

2012 年，在陈云故居暨青浦革命历史纪念馆和松江区文明办的帮助下，新浜镇对展馆进行了修缮，进一步丰富了展览和陈列内容。修建一新的展馆分为序厅、主展厅和场景再现等部分，围绕"不畏血腥屠杀，重整革命力量"、"组织发动群众，成立农民革命军"、"发动武装暴动，严惩地主豪绅"、"烈士名垂千古，农运影响留青史"四个部分，详细地展现松江地区农民武装暴动的具体过程。

第十章　一生跟着真理走

——张闻天故居

张闻天故居位于上海浦东祝桥镇川南奉公路 4398 号，是一座具有浓郁的乡村气息和江南特色的坐北朝南一正两厢房砖木结构的民宅，占地面积 686 平方米、建筑面积 495 平方米。

1900 年 8 月 30 日，张闻天出生于此，并在这里度过了童年和

张闻天故居

少年时期。故居庭院居室自然淳朴，西侧建有张闻天同志生平事迹陈列馆，分为诞生与求学、投身新文化运动、踏上革命道路、在总书记的岗位上、在六届六中全会以后、去东北开拓、外事工作岁月、逆境中的求索、狂澜中升华、追思与遗产等 10 个部分，以 300 多幅照片展示张闻天革命的一生。1985 年，故居被批准为上海市文物保护单位。2001 年，故居被国务院公布为第五批全国重点文物保护单位。

闻天其人

张闻天（1900—1976），原名张应皋，化名洛甫，字闻天，上海浦东人，中国共产党的重要领导人之一，理论宣传和干部教育工作中成绩卓著的领导人之一。

1900年8月30日，张闻天出生于江苏省南汇县（现上海浦东新区祝桥镇）邓三村张家宅。给张闻天起名的，是被公认为最有学问的张柱唐，他用《诗经·小雅·鹤鸣》里的诗句"鹤鸣于九皋，声闻于天"，给张闻天起名"应皋"，字"闻天"。青年时代，张闻天目睹中国内忧外患的状况，积极探索救国救民的道路。1917年，考入南京河海工程专门学校（今河海大学）学习，他在出色完成学业的同时，阅读英文版的马克思主义经典著作，受《新青年》影响倾向革命。

南京河海工程专门学校

　　五四运动爆发后，投身于学生运动，并开始从事文艺创作和翻译，评介外国文学名著，在进步报刊上发表多篇文章，后在南京加入少年中国学会。他还被朋友介绍去中华书局工作，担任"新文化丛书"的编辑。1920 年至 1923 年，先后到日本东京、美国旧金山学习和工作。1924 年 1 月，他又回到上海，再到中华书局担任编辑。

　　1925 年 6 月，张闻天在上海加入中国共产党，同年冬被派往苏联莫斯科中山大学、红色教授学院学习。1931 年 1 月，张闻天由莫斯科回到上海，担任中共中央宣传部部长。9 月，中共临时中央政治局在上海成立，担任临时中央政治局委员及政治局常委。1933 年初，由于形势变化，张闻天随中央机关从上海迁入江西中央革命根据地，随后任中央政治局常委、中央书记处书记。

　　1934 年 10 月，张闻天随队参加长征。遵义会议前夕，张闻天与毛泽东、王稼祥走到了一起，坚决拥护毛泽东的正确主张。在遵义会议上，他根据毛泽东的意见作了批判"左"倾军事路线的报告，

中共临时中央政治局所在地：瑞金叶坪

遵义会议会址

直指博古、李德的军事错误，为会议的成功召开、实现党的军事路线的根本转变作出了重要贡献。会后，1935 年 2 月，根据中央政治局常委分工，张闻天代替博古担任中共中央总负责人。长征途中，张闻天又同张国焘的分裂主义进行了坚决而又富有策略的斗争，迫使张国焘取消另立的"中央"。

全民族抗日战争爆发后，1938 年 5 月，张闻天兼任延安马列学院院长。1941 年延安整风开始后，张闻天响应号召组织了农村调查团，到陕甘宁和晋西北一带的农村作了一年多全面而深入的农村调查，整理撰写了《陕甘宁边区神府县直属乡八个自然村的调查》等多篇调查研究报告。他还曾长期兼任党中央宣传部长、西北工作委员会主任、《解放》周刊主要负责人、《共产党人》编辑，为推动全民抗战做了大量宣传和教育工作，所作的《论青年修养》《论待人接物问题》等讲演，极大鼓励了抗战时期的广大干部和青年。1945 年，在中共七届一中全会上当选为中央政治局委员。

抗战胜利后，张闻天到东北做地方工作，1946 年春任合江省（今在黑龙江省内）省委书记，1948 年春任中共中央东北局常委兼组织部长，次年调任辽东省（今在辽宁省和吉林省内）省委书记，为东北根据地的开辟和建设作出贡献。其间，他写了《关于东北经济构成及经济建设基本方针的提纲》，对于新中国经济建设具有重要理论意义。

中华人民共和国成立后，张闻天转到外交战线工作，先后担任驻苏大使和外交部常务副部长，参加了一系列重大外交活动，为新中国的外交事业做出了显著的成绩。1956 年，在中共八届一中全会上当选为中央政治局候补委员。

1959 年在庐山会议上，因为支持彭德怀的正确意见，张闻天受到错误批判，被打成"彭、张、黄、周反党集团"的骨干成员。此后离开外交部门到社科院经济研究所工作，从事社会主义经济建设理论的研究。"文化大革命"期间，他坚持原则，坚决同林彪、江青反革命阴谋集团进行斗争，并遭到迫害。1976 年 7 月 1 日，张闻天在江苏无锡病逝。1979 年 8 月，中共中央对其冤案予以平反昭雪。1979 年 8 月 25 日，中共中央在北京人民大会堂为张闻天同志召开追悼大会，邓小平出席并致悼词，赞颂张闻天的一生"是革命的一生，是忠于党、忠于人民的一生"。

1981 年 7 月 1 日，在庆祝中国共产党成立 60 周年大会上，中共中央总书记胡耀邦发表讲话，把张闻天的名字同毛泽东一起列入为中国革命的胜利、为毛泽东思想的形成和发展作出重要贡献的杰出的党的领导人行列。

张闻天把一生奉献给了共产主义壮丽事业。他在中国人民进行新民主主义革命、社会主义革命和建设的半个多世纪中，始终奋斗不息，他无私奉献的精神和坚持真理的优秀品德赢得广大党员和群众的尊敬和思念。

追求真理

张闻天生长在一个新旧交替的年代，在淳朴自然的农村生活中度过了童年时期，曾目睹灾害给家乡带来的悲惨情景，让他从小就立志要为家乡人民造福。6 岁时，张闻天进入私塾读书，老师是秀才张柱唐。他天资聪颖，生性好静，勤奋好学，除读"四书"、"五经"外，还接受了"新知"和西方现代文化，深受老师喜欢。12 岁时，张闻天离家来到南汇县城第一高等小学就读，功课出类拔萃、好学深思、讷于言而长于文，给同学留下突出印象。17 岁时，他离开家乡进入河海工程专门学校（今河海大学）读书，学习国文、英文、数学、绘图、物理、化学等，尤其重视对英文的学习与训练。他认真阅读当时的进步报纸、杂志如《新青年》《每周评论》《申报》《时报》《东方杂志》等，与同学一起议论"改造中国"的问题，陈独秀、李大钊、鲁迅、胡适等人的文章对他影响极大。后来他回忆道："五四前《新青年》的出版给了我很大影响，我的自我觉醒也由此开始。"

五四运动爆发时，"河海"成了南京地区的中坚力量，张闻天和同学们一道写标语、散传单，手执小旗奔走呼号，成为南京学生联合会的骨干。他积极参加轰轰烈烈的反帝爱国斗争，撰文抨击旧制度、旧道德、旧思想、旧习惯，宣传新思想、新文化，成为五四新文化运动的热情战士。1919 年 6 月 23 日，张闻天和南京的其他进步学生一起创办了《南京学生联合会日刊》，及时报道学生反帝爱国

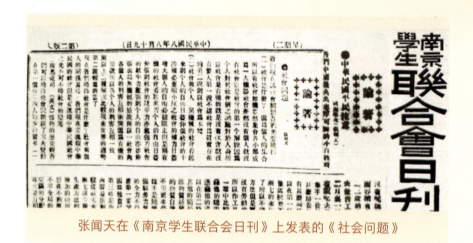

张闻天在《南京学生联合会日刊》上发表的《社会问题》

运动发展的情况，宣传爱国主义、革命民主主义和社会主义思想。

1918年8月，他在刊物上发表《社会问题》一文，文章指出："要进窥中华民国社会之先，不可不晓社会的变迁"，提出"劳农界人（就是工人和农民）"的革命。文章最后还介绍了《共产党宣言》部分内容，全文转抄《共产党宣言》第二章中的十条纲领，认为这是中国人民光明的前途和具体奋斗目标。年轻的张闻天在文中开始尝试用马克思主义唯物史观考察中国社会问题，成为马克思主义在中国的早期传播者之一。在理论的启蒙和现实的召唤下，一个理工类毕业的青年学生就这样把自己的志趣从工程技术转向了社会问题研究。此后，他加入"少年中国学会"，和好友沈泽民一起赴日本留学，赴美勤工俭学，回国后继续在曾经工作过的中华书局任编辑。这时的张闻天，还致力于文学革命，已在文学界崭露头角，创作和翻译了大量新诗、散文、小说、戏剧、评论等作品，被誉为"少年翻译家"和"少年文学家"。

经过对各种思潮的思考、比较和鉴别，也经过对马克思主义学说的反复学习钻研，到 1922 年初，张闻天终于找到了一生的信仰，思想上已完全倾向于科学社会主义，逐步成长为一个坚定的马克思主义者。他在《中国底乱源及其解决》一文中写道："自今日起，我希望能够在实现社会主义的历程中做一个小卒。"1925 年，他在五卅运动中加入中国共产党。同年被派往苏联，对马克思主义理论进行了深入学习和研究。

1931 年初，张闻天和杨尚昆结伴而行，从苏联回到上海，担任中共中央宣传部部长，兼任中央党报委员会书记，同年 9 月任中共临时中央政治局委员、常委。对临时中央政治局在上海期间及进入中央苏区后所犯的"左"倾教条主义错误，张闻天毫不推诿自己所应承担的责任，并在后来一再检讨，从中汲取教训。但同时，他从对左翼文化运动的指导中，逐步认识到"左"的严重危害并开始尝试纠"左"。他常常以"思美""斯勉""歌特"等为笔名，在《红旗周报》《群众日报》《实话》等党的报刊上，揭露帝国主义的罪行、抨击错误的思想观念。第三次反"围剿"胜利后，很多人以为敌人"不会再向苏区与红军进攻"，他却说这是"'左'倾的空谈"。

长征途中，有人问张闻天怎么"老是跟着毛泽东跑"，他坦然地说："真理在谁手里，就跟谁走。"遵义会议上，针对博古关于第五次反"围剿"作的总结报告，张闻天一针见血地揭露了他们试图推脱罪责的本质。遵义会议后，他以党内"负总的责任"的身份，旗帜鲜明倾全力纠正"左"倾的军事路线错误，号召全党"以布尔什维克的坚定性"与之"开展最坚决的斗争"，坚决反对完全脱离群众"以背诵共产主义的真理或党的基本口号为满足"的错误做法。

1959 年庐山会议上，张闻天以对党对人民高度负责的态度，批评当时工作中"左"的错误。为此，他受到不公正对待，被撤销外交部领导职务，到中国科学院任"特约研究员"。原本只是给他安排一个工作岗位，但张闻天对这个工作极为重视，立即全身心投入到社会主义经济问题的研究之中。即使在"文化大革命"期间，他身处逆境，仍深切关注党的命运，不懈探索真理，始终坚持把调查研究作为最基本的工作方法顺利开展各项工作，为社会主义社会的建设作出有益的贡献。到1974年，他已完成近10万字的文章和笔记，他曾说："共产党人要有面对赤裸裸的现实的勇气，要有说老实话的勇气。"

重要人物

1945 年 6 月 10 日，毛泽东在中共七大的一次大会上说："遵义会议是一个关键，对革命的影响非常之大。但是，大家要知道，如果没有洛甫（张闻天）、王稼祥两位同志从第三次'左'倾路线分化出来，就不可能开好遵义会议。"根据党史资料记载，对遵义会议产生重大推动和促进作用的应该至少是毛泽东、张闻天、周恩来、王稼祥四人，其中张闻天尤为关键，可以说是遵义会议台前幕后的重要人物。

一方面，张闻天与毛泽东、王稼祥组成的"中央队三人团"为遵义会议的召开做好了思想上、组织上的准备。1934 年 10 月，红军长征离开苏区后，军事上仍由"最高三人团"即共产国际代表李德和博古、周恩来负责。毛泽东和张闻天、王稼祥被排除出领导机构，跟随中央队行动。毛泽东因恶性疟疾走不动路，王稼祥也因敌机炸伤，两人都坐着担架行军。只有张闻天骑着马前后照应，他们一起行军、一起宿营，吃住在一起，一路讨论第五次反"围剿"失败的教训，被称作"中央队三人团"。张向毛、王讲述从福建事变到广昌战役同博古的种种争论，对李德、博古军事指挥上分兵把口、拼命主义等做法很为不满。这一路随意交谈、充分讨论，毛张之间感情上更加亲近，思想观点也更趋一致，对于第五次反"围剿"的失败和目前的军事指挥有了更多共识，张闻天和他过去在中央工作中犯过的"左"倾错误一步步地决裂了。1934 年 12 月下旬，中央军委纵队抵达黄平县境。张闻天和王稼祥在一片橘林中休息时，讨论起当前的形势忧心忡忡。王稼祥问："红军的最终目标在哪里呢？""还没有一个确定的目标？"张闻天叹了口气说还没有一个确定的目标，"照这样打下去也不是办法，还是要毛泽东同志出来负责才行。毛泽东同志打仗有办法，比我们都有办法。"当天晚上，这个消息在刘伯承等几位将领中一传，大家都赞成要开个会，让毛泽东出来指挥。随后，中央政治局猴场会议批评了博古、李德不过乌江，不在川黔边地区建立根据地，而要回头继续会合红二、红六军团的错误主张，重申了黎平会议的决定，随后又停止了李德的军事指挥权。

另一方面，张闻天在遵义会议上作"反报告"，为遵义会议的胜利定下了基调。1935年1月15日至17日，中央政治局扩大会议在遵义老城红军总部驻地举行。会上，博古作了第五次反"围剿"的总结报告后，张闻天按照会前与毛泽东、王稼祥共同商量的意见，作了反对"左"倾错误军事路线的"反报告"，比较系统地批评了博古、李德在军事指挥上的错误。他作"反报告"时，手里有一个"提纲"，这个"提纲"实际

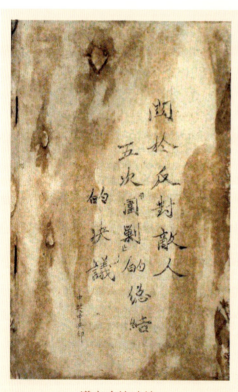

遵义会议决议

上是"中央队三人团"毛、张、王的集体创作，并以毛的观点为主导、由张执笔写成的。此刻由张闻天在会上讲出来，分量很重。因为张是中央政治局委员、书记处书记，还是人民委员会主席。张闻天的"反报告"得到参加会议的绝大多数同志的支持，毛泽东接着作了长篇发言，王稼祥、朱德、刘少奇等多数同志也相继发言，不同意博古的总结报告，同意毛泽东、张闻天提出的意见。会后，张闻天根据与会多数人特别是毛泽东的发言内容，为中央政治局起草《中央关于反对敌人五次"围剿"的总结的决议》（即《遵义会议决议》），并获得通过。

在这次具有重大历史意义的遵义会议上，毛泽东当选为中央政治局常委，协助周恩来指挥红军。遵义会议后不久，张闻天代替博古担任党中央总书记，在党内负总责，挑起历史重担。张闻天在延安写的《反省笔记》中写道："在遵义会议上，我不但未受打击，而且我批评了李德、博古，我不但未受处罚，而且还被抬出来代替了博古的工作。"

张闻天临危受命担任总书记后，立即担负起完成历史转折的重任。他在毛泽东等的支持下，团结中央政治局和中央军委，遵循民主集中制原则，在前往扎西途中，一路行军，一路开会，及时贯彻遵义会议精神，坚决实行毛泽东同志主导制定的正确路线方针政策，积极开展同张国焘分裂党和红军阴谋的斗争，为实现党中央的团结和实行有效的集体领导发挥了至关重要的作用。

我们常说，遵义会议在极端危险的时刻挽救了党、挽救了红军、挽救了中国革命，中国共产党历史上一个生死攸关的转折点；在一定意义上也可以说，是毛泽东和张闻天等一起为遵义会议成功举行建立了丰功伟绩。

光辉典范

2020 年 8 月 30 日，在张闻天诞辰 120 周年之际，《人民日报》刊发中央党史和文献研究院撰写的《竭忠尽智、执着探索——纪念张闻天同志诞辰 120 周年》长文。文中指出，张闻天是中国共产党历史上一个相当长时期的重要领导人，是理论研究、宣传和干部教育工作中成绩卓著的主要领导人之一，是新中国外交第一代领导人和开创者之一，是共产党人的楷模、革命知识分子的典范。

信仰坚定、对党忠诚的楷模。张闻天青年时代就确立了共产主义信仰，加入了党组织，从此为党和人民的事业奋斗终身。无论从事什么工作，无论道路多么崎岖坎坷，他始终对共产主义矢志不移，对中国革命和建设事业前途充满信心。遭遇不公正待遇时，他无怨无悔，在逆境中写下几十万字关于中国社会主义建设理论和实践问题的笔记文稿。即使在最困难的时候，他"对党都没有丧失信心"。弥留之际，他深以十几年没能为党工作为憾，一再嘱咐妻子把补发的工资和解冻的公债存款全部交给党，算作他最后一次党费。我们向张闻天学习，就要坚定理想信念，牢记初心使命，涵养家国情怀，永远忠于党、忠于人民。

坚持真理、修正错误的楷模。张闻天对自己在历史上犯过的错误从不回避，而是不断地进行认识和反省，同时也敢于坚持正确意见。他曾掷地有声地说："真理在谁手里，就跟谁走。"延安整风中，他多次对自己在土地革命战争时期的错误作出深刻检讨；在党的七大上，他再次诚恳深刻检讨，公开为当年自己犯的错误承担责任，显示了一个共产党人的坦荡胸怀。我们向张闻天学习，就要勇于直面问题，勇于自我革命，随时准备坚持真理，随时准备修正错误，永远为了真理而斗争，永远为了理想而斗争。

深入实际、实事求是的楷模。张闻天学识渊博，作风严谨，依靠调查研究做决策，在调查中没有任何框框，有什么调查什么，不强调一致，根据不同情况得出不同结论。他终身好学，不断求知，善于运用马克思主义立场、观点、方法研究解决实践中出现的新情况新问题。他说："将外国党的决定搬到中国来用，是一定要碰钉子的。所以不仅要懂得马克思主义的原则，而且要在民族环境中来实现这些原则。"我们向张闻天学习，就要坚持把马克思主义基本原理同当代中国实际和时代特点紧密结合起来，持续推进理论创新、实践创新，在实践中探求和掌握事物发展的规律。

一心为民、廉洁奉公的楷模。张闻天对人民怀有深厚感情，他曾赞叹："现在是劳动人民的时代啊！这些最平凡的人物，就是真正的英雄，就是历史的创造者！"在研究历史经验的基础上，他提出，党成为执政党以后，"最容易犯的错误，错误中最危险的和致命的错误，是脱离群众"，必须始终保持党同人民群众的联系。他长期担任领导职务，始终严格要求自己和子女，保持公仆本色。我们向张闻天学习，就要牢记手中的权力是党和人民赋予的，是用来为人民服务的，守住清正廉洁的政治本色，守住正确的人生价值，以自己的模范行动，推动党和人民事业不断从胜利走向新的胜利。

相关链接——中共临时中央政治局机关旧址、毛泽东等领导人对张闻天的评价

中共临时中央政治局机关旧址位于上海市静安区奉贤路290弄1号（原西摩路332弄29支弄云上邨1号），是一幢砖木结构的两层旧式石库门里弄住宅。1931年9月下旬，中共临时中央政治局在上海成立，1931年冬至1932年初，中共临时中央政治局常委会议机关就设于此。

1931年，白色恐怖蔓延，国民党在上海大肆抓捕进行革命的共

奉贤路 290 弄 1 号
（原西摩路 332 弄 29 支弄云上邨 1 号）

产党员，因中共中央政治局候补委员顾顺章、中央政治局常务委员会主席向忠发先后叛变，留沪的政治局委员已不足半数。9月下旬，经共产国际批准，中共临时中央政治局（简称"临时中央"）在上海成立，博古、张闻天、卢福坦、李竹声、康生、陈云等任委员，博古、张闻天、卢福坦任中央常委，不设总书记，博古负总责。

临时中央成立后，党组织委派应修人、曾岚夫妇寻找一处独住的、适合一般中上等人家的新住所，最终选定了这里。云上邨是20世纪20年代建造的新式里弄，有砖木结构二层房屋7幢，取业主姓名中的"云"字，称为"云上邨"，含"青云直上"之意。曾岚回忆道，"修人说这个弄堂的名字真好，叫做'云上邨'，我们在'云上'做'地下'工作，好不优哉游哉。"云上邨闹中取静的特点很适合信息的传递收集，它本身地处结构复杂的石库门地区，一旦暴露也可以迅速撤退转移。

当时，应修人夫妇租住楼下，楼上由中央秘书长柯庆施租下。为了避免弄堂管理人员的怀疑，屋内全部布置了红木家具，穿的衣服也不得不讲究一些。应修人外出时就穿上皮袍，打扮成大少爷的模样，回到家就脱下皮袍，拖地板、洗碗等家务活样样都干。1931年冬至1932年间，这里成为临时中央政治局常委的秘密联络点，博古、张闻天、陈云等政治局委员常到此开会。在危机四伏的背景下，云上邨这个临时中央指挥部里，共产党员依然坚持斗争，指挥党的活动，作出了一系列重要决定。

新中国成立后，云上邨地区经过了数次更名，再加上市政建设，曾经的临时中央政治局机关旧址也被淹没在历史记忆中。为了重现那段珍贵的历史，上海市静安区委党史研究室的工作人员查阅了大量资

料，多次走访比对，终于认定了这座临时中央曾经的指挥部。2021 年
3 月 12 日，上海市文物局、中共上海市委党史研究室为其正式挂牌
"中共临时中央政治局机关旧址"，让它重新展现在公众面前。

毛泽东在延安时曾经对中央苏区时期的张闻天有过这样的评论：
"张闻天在中央苏区是颇有影响的人物。这不只是因为他的地位和身
份，还有他本身的因素。"

1979 年 8 月 25 日张闻天追悼会上，邓小平致悼词说："张闻天
同志的一生，是革命的一生，是忠于党、忠于人民的一生。"他号召
学习张闻天同志"处事民主，善于团结干部的优良作风；学习他终
身好学，不断求知，重视调查研究，坚持实事求是的科学态度；学
习他胸怀坦白，光明磊落，爱憎分明，敢于斗争的革命精神。"

1985 年 4 月，中共中央总书记胡耀邦给《回忆张闻天》一书题
词说："毕生勤奋，坚持真理，严于律己，诲人不倦，是老一辈革命
家张闻天同志最突出的优点，值得我们永远学习。"

国家主席杨尚昆 1990 年 8 月 28 日纪念张闻天九十诞辰时，杨
尚昆发表纪念文章，称颂张闻天是"共产党人的楷模，革命知识分
子的典范"。

1985 年 5 月，王震在撰文中，称张闻天是"我党历史上杰出的
马克思主义的理论家和革命家"。

1990 年 8 月，中共中央总书记江泽民在给张闻天夫人刘英的信
中说："他对共产主义矢志不移的坚定信念，他的政治家的宽阔胸怀
和学问家的谨严风范，他为人民利益而坚持真理、修正错误的崇高
品德，他深入实际、实事求是、谦虚谨慎、艰苦朴素的优良作风，
永远值得我们大家学习。"

第十一章　红旗漫舞上海城

——上海解放纪念馆

上海解放纪念馆位于宝山区宝杨路599号（宝山烈士陵园内东侧），于2006年5月26日正式开放。馆名由迟浩田上将题写，纪念广场耸立着一座高达16米的纪念碑，正面镌刻着中华人民共和国成立后上海第一任市长陈毅元帅的题字："革命烈士永垂不朽"。纪念碑北侧矗立的"热血丰碑——解放上海烈士英名墙"上，镌刻着为解放上海而英勇牺牲的8000余名解放军指战员英名和300多位宝山

上海解放纪念馆

烈士英名。

　　馆内以实施"钳击吴淞、解放上海"的战役决策为陈列主线，重点展示上海战役宝山战区解放军将国民党守军主力吸引到郊区并将其歼灭，从而保全上海市区的主要史迹。展馆由序厅、主展厅和大型多媒体主题情景剧场组成。序厅由解放军钳形攻势、冲锋前进的装置艺术场景，主题雕塑和功勋柱三大艺术形象组成，寓意解放军前仆后继、浴血奋战，取得上海战役的伟大胜利，广大人民将永远铭记这一历史。主展厅以时间为脉络，通过"运筹帷幄"、"军政全胜"和"城市新生"三部分，运用丰富的具有历史意义的照片，以及很多见证历史的勋章、先烈们的遗物，还有战斗中曾经使用过的手枪、反坦克炮、重机枪等，还有用声光电先进技术制作的动态，再现战斗场面的场景复原，多媒体幻影成像和影视短片，国民党军防御工事碉堡及深水壕沟的复原场景，以及描绘解放军指战员英勇形象的油画、雕塑等艺术作品。

战争奇迹

　　1949 年 5 月进行的上海战役，是人民解放军历史上一次规模巨大的城市攻坚战。面对国民党军以钢筋水泥子母碉堡群为特征的海陆空立体防御体系，人民解放军第三野战军坚决贯彻中央指示，周密部署作战计划，经过艰难作战，最终取得了军事和政治上的双胜利，把上海完整地交到人民手中，被誉为"战争的奇迹"。

　　辽沈、淮海、平津三大战役胜利后，很快"打过长江去，解放全中国"的口号就响彻大江南北。蒋介石亲自部署"保卫大上海"

上海战役前敌我态势图

作战计划，于 1949 年 4 月末 5 月初，连续三批在上海复兴岛召集团长以上军官训话，要求国民党军把上海建成"一个铜墙铁壁的城市"，必须坚守上海 6 个月至 1 年"以待国际形势变化"。京沪杭警备总司令汤恩伯按照蒋介石的要求，从 1 月开始构筑上海防御工事，并在 5 月上旬基本完成作战部署。在上海战役开始之前，上海有国民党守军 20 万，市区内外遍布 4000 多座钢筋水泥碉堡、1 万多座永久和半永久掩体碉堡、数万颗地雷，形成天上有飞机，海上有军舰，陆地有装甲兵部队的优势。汤恩伯讲："我们的大上海，要成为攻不破、摧不毁的斯大林格勒第二。"

其实在同年 4 月，解放军就突破长江天险，围歼了国民党 50 余万江防部队，一举解放了南京。按照常规军事行动，本应一鼓作气攻下上海。可是，解放军在郎广（郎溪、广德地区）追歼战结束后，突然停止前进，在吴兴以南、苏州以西地区集结休整。上海各界一片哗然。原来，早在一个月之前，中国共产党召开七届二中全会时，毛泽东就高瞻远瞩地强调，进入上海，对于中国革命来说，是过一大难关，它带全党全世界性质。共产党有无能力接管城市，尤其是中国最大的城市上海，这关系到中国共产党在世界的形象。他指出，上海是远东最大的工商业城市，是中国唯一的国际性贸易城市，一定要让这座世界名城较为完好地回到人民的手中。接手后，要能够迅速地恢复生产，改善人民的生活。还要把自己的队伍整顿好，进城后，要做到视人民如父母，对群众秋毫不犯。所以，打上海不仅仅是军事战，更是政治战，经济战。最好是和平解放，就算不能和平解放，也要在军事进城的同时，做到政治进城，使上海的破坏减至最小。所以，在七届二中全会期间，中共高层领导就开始考虑怎么解放上海了，渡江战役发起前考虑得就更多了，可以说渡江战役和解放上海是通盘考虑的。

上海的城市命运一度牵动着中国人民乃至世界的目光，如果解决不好，帝国主义就会加以武装干涉，上海解放将会变得越来越复杂。毛泽东针对这一情况明确指示，"打上海，要文打，不要武打，打的不仅是一个军事仗，也是一个出色的政治仗，不仅要消灭敌人，还要保全城市，还要争取人心。"陈毅形象地比喻："上海之战好比瓷器店里打老鼠，既要捉住老鼠，又不能把那些珍贵的瓷器打碎。"正是根据中央和毛泽东的指示精神，三野制定了在保全城市的条件下解放上海的作战计划。决定主要在郊外的宝山吴淞、月浦、杨行和浦东高行、高桥等地区进行战斗，再两翼迂回重兵钳击吴淞口，通过在郊区歼敌，达到保全上海市区的目的。但敌方防御的强点主要是在吴淞周边，选择这种战法，也意味着必将在那有一场激烈的争夺战、攻坚战。5月12日，三野发起上海战役。13日，解放军第29军奉命向月浦发起进攻，经过两昼夜鏖战攻占月浦老街。国民党守军除一部分走水路逃走外，其余均钻进了市区这个"瓷器店"里，企图借有利位置坚守。

5月23日夜间，三野发起全线总攻，分别从东、南、西三面攻打市区。为把人民生命财产的损失降到最低，三野下令：攻打市区只准使用轻武器作战，一律禁止使用火炮和炸药。在攻打邮电大楼时，敌人在楼顶制高点上不停扫射，不少战士在国民党的枪炮声中倒下。此时的27军肩负攻城重任，军长聂凤智牢记陈毅的嘱托：一定要军政全胜！一定要把人民的损失减低到最低限度！他心里明白，一旦这些建筑回到人民手中，就不再属于资产阶级，而是成为了人

绮云阁上红旗飘

民的财产，这才是"战上海的大义"。解放军战士坚决执行上级命令，在上海地下党组织和上海人民的支持下，使用步兵轻武器，以短兵相接的方式歼灭敌人。5月25日清晨，南京路上永安公司大楼的最高处"绮云阁"，一面鲜艳的红旗迎风飘扬。27日下午，杨树浦发电厂、自来水厂守敌缴械投降，上海市区宣告全部解放。

而在这次炮火连天、硝烟弥漫的剧烈战斗中，电厂照常供电，水厂照常供水，电话局照常工作，城市没有遭到大的毁坏，就如"瓷器店"般完整地回到了人民手中。苏联战地摄影师拍摄的解放军攻打邮政大楼的片子里描写道："在此战役中，邮政大楼内没有丢失一件邮件，没有损失一件设备，没有遗失一份档案，可谓是一个战争的奇迹。"也正是在这场"瓷器店里捉老鼠"的战役中，解放军伤24000余人，8000多名官兵献出了他们宝贵的生命，付出了巨大的牺牲。

一张照片

在渡江战役之前，第三野战军就制定了《入城三大公约十项守则》。当中央收到陈毅关于"入城守则"的草案后，毛泽东很快就在来电上批复了 8 个大字——"很好，很好，很好，很好！"对于不准开炮、不搞爆破、不使用重武器，部队坚决执行，而对于"入城守则"规定的"不入民宅"这一条，战士们有不同想法："过去打仗，哪次不是住老百姓家里，上门板捆稻草，挑水扫院子，哪点做得不好？难道上海不是咱中国地盘？""战士生了病，进房要点开水喝也不行？"不理解的声音不时发出，陈毅斩钉截铁地说："入城纪律是执行入城政策的前奏，是我们解放军给上海人民的见面礼。见面礼搞不好，是要被人赶出来的。野战军，到了城里不准再'野'，纪律一定要严！"对于"不入民宅"这条，陈毅要求各级干部下保证书，无条件坚决执行。

部队进城后，上海市民推门出户看到的是，在自己家门口，成排的解放军战士全副武装露宿街头。上海老百姓们感到稀奇，他们从来没有见过这样的军队，

第三野战军入城三大公约、
十项守则

上海民众欢迎人民解放军
解放上海

攻入城市，打了胜仗，却坚持"进城不扰民"；占领了一个城市，下雨天居然不入民宅，就这么睡在潮湿的马路上。为了不影响市场供应和金融秩序，三野还规定解放军入城后一律不允许在市区买东西，甚至部队吃的饭菜，也是在几十公里以外的郊区做好，再送到市区。回忆当年的情景，上海工商界知名人士刘靖基就激动地说："几十年来从北洋军阀到国民党，我从来没有见过这样好的军队，真是出乎意料。"解放军露宿马路的消息一传十，十传百，很快传遍了上海大街小巷，国民党对共产党、解放军长期丑化宣传所造成的壁垒，顷刻间土崩瓦解。整个大上海沸腾了，男女老少，全都走出了家门，唱歌、跳舞、扭秧歌，进行大游行，看解放军入城，庆祝上海大都市的新生。

美国《生活》杂志公开讲："国民党的时代已经结束"。香港和国外媒体上，醒目地出现了一张解放军露宿十里洋场街头的照片。人民解放军威武之师、文明之师的形象也因此名扬世界。

丹阳集训

如何在进入上海后，避免出现被动局面，顺利接管上海，一度是上海战役前后摆在中共中央面前的一个重要课题。中共中央决定根据上海的特点，在丹阳开展对接管干部的"入城教育"，也称"丹阳集训"。根据参与人员回忆，"丹阳集训"的内容大致可概括为三个方面：一是解放上海战役的打法；二是入城后的政策和纪律，三是上海接管工作的具体安排。

其中，最重要的内容是入城纪律问题。城市与农村、战争与和平等环境的差异给上海的接管带来一定困难。我党在解放和接管上海过程中需要的政治权威与军队、干部能否落实党的方针、政策执行入城纪律有着十分重大的关系。因此，入城前，5月4日开始，便开始组织接管干部统一、系统学习《中国人民解放军布告》《入城守则和纪律》《中共中央华东局关于接管江南城市的指示》《城市政策汇编》等党的有关文件。5月6日，华东局专门通过会议形式进行政策教育和

"丹阳集训"旧址

思想纪律教育，明确要求：（进入上海后）必须做好接和管，反对无纪律、无政府现象。在此基础上，进一步组织学习了中共中央关于接管城市的各项政策、其他城市接管的经验以及上海的概况。同时，还要求进入上海后，军队和干部必须全心全意地依靠工人阶级，防止"左"和右的两种倾向。这些培训使接管干部较好地转变思想，做好适应城市工作的准备。

对于入上海后该如何展开各个领域的管理和恢复重建工作，中共中央华东局研究出一个长期的、系统的战略和规划。根据上海的城市特点，在参照济南、沈阳、天津、北平等城市接管经验的基础上，中共中央华东局提出了"按照系统、整套接受、调查研究、逐渐改造"的方针。在这一方针明确的基础上，针对接收后管理和改造上海的机构、组织，陈毅等负责人计划将整个接管工作分为接收、管理和改造三大步骤，制定了详细的接管策略。在接管期间上海实行军事管制，由上海市军事管制委员会作为军管期间的最高权力机构，下设财经、政务、文化、军事4个二级机构，负责不同领域内的接收，并对不同领域的重点工作进行明确。饶漱石在5月6日的会议中就强调：接管干部进入上海后，应该特别抓住外交、劳资关系、金融货币政策、贸易政策、社会秩序等几项主要工作的领导。通过接管政策的学习以及对接管工作可能发生问题的讨论，当时干部中普遍存在的"接得下、管不好"的紧张心理和畏难情绪有了缓解，增强了进入上海后把城市接收好、管理好的信心。

再就是保障上海人民的生活问题。解放前，上海的通货膨胀已十分严重，加之解放战争进入全面战略决战以后，国民党统治集团加强了对其统治区内人民的剥削和压迫，上海人民处于水深火热之中。5月10日陈毅谈关于入城纪律时指出："上海一天要烧掉20万吨煤……要解决几百万人的粮、煤及生活问题……我们管理不好，就无法向老百姓说话"，随后他还强调，"接管上海一定要使工厂照常生产，电灯不熄，自来水不停，公共汽车照常行驶，电车照常通畅，商店照常营业，人民生活不受影响"。为接管后能维护上海的正常社会秩序和恢复生产、保障市民的生活需要，在进入上海前，必须进行充足的后勤物资储备。为此，华东局成立由4000余名支前干部组成的煤粮供应运输部，负责从皖北、苏北、山东等地筹集与运输粮食、食油等物资，使库存大米足够上海市民吃3个月，还有从唐山、淮南、贾汪等地调运煤炭，从中南地区调拨棉花，以保证接

陈毅在丹阳集训讲话的手稿

管后上海的正常运作。到 5 月上旬，解放军已经筹备了近 1.44 亿斤的粮食、12 万吨的煤炭和 700 多万斤的食油，另外运输队还负责押运将在解放后投入包括上海在内的江南城市使用的人民币，进行了充足的物资准备。

1949 年 5 月 27 日，上海一解放，上海军事管制委员会和上海市人民政府就迅速成立。通过一定时期的军事管制，按照"接收、管理、改造"三个步骤，在中共上海党组织、军队、接管干部及人民群众的配合下，根据轻重缓急先后接管了银行仓库、财政税收、交通部门、公安局。随着从政权机关到居民委员会的系统接管，上海城市秩序得以稳定、城市建设受到保护。针对解放初期城市中各阶层的思想动态，采取了有效的方法。针对工商业资本家疑虑很多、工人及一般青年学生及贫苦市民认识不足等，贯彻调查研究、逐渐改造的方针，军管会主要采取了加强宣传的方法，不仅在各领域张贴布告，而且迅速召开工人、资本家、文化教育学术界人士的座谈会，一面听取各界群众的反映，一面宣传解释党的政策，消除资本家的恐慌，使其安心经营工商业，说服工人学生及贫苦市民放弃过高要求，迅速复工、复业、复学。对于金融、物资的问题，5 月 28 日，上海市军管会即宣布人民币为唯一合法货币，并以人民币 1 元（旧币，下同）兑金圆券 10 万元对社会上的金圆券进行系统性的收兑。自 5 月 30 日开始，一星期内接待兑换人数 34242 人，共收金圆券 5.3 万亿元。对恢复发展生产、稳定人心有重要影响的工资问题，军管会暂时采取了原薪原职的方法，基本上按照国民政府时期之底薪制度及解放前三个月工人所得实际工资的平均数照旧支付工资。根据当时参与接管的干部回忆，从 5 月 27 日进入上海到 6 月 2

日，上海市的国民党一切机构都被接管，而且接收工作非常顺利，基本做到了社会秩序正常、人心稳定。中共上海市委《关于进入上海十四天工作情况向中央报告》中，对此也有简要的概括："此次接收方法基本上是一致的，先接收后加以清点，步骤明确，态度得体，纪律性好。关于此点，不特为各界同情、拥护，即伪市政府经历多次接收的旧人员，亦无不赞服。"

文物故事

1949 年 5 月 12 日，遵照党中央、中央军委和毛主席的命令及"钳击吴淞，解放上海"的战略部署，中国人民解放军第三野战军，在中共上海地下党组织的密切配合和上海人民的全力支持下，"里应外合"发起解放上海战役。经过 16 天的鏖战，上海这座举世瞩目的东方大都市，终于摆脱黑暗，回到了人民的手中。位于上海市宝杨路 599 号的上海解放纪念馆，集中展示了解放上海的这段历史。通过 250 余幅图片、120 余件实物，生动地再现了解放上海战役的一个个感人故事，成为上海这座英雄城市的红色记忆。

战地日记："最后的战斗是艰苦残酷的，我却不怕"

1947 年 8 月 11 日，张勇在日记本"写在前面"中写道："在很早以前我就想有这样一本漂亮簿子，现在是如愿了。我很爱它，我将要它变成我的历史，变为我的斗争，变为我的工作。从今天起，从战斗动员起，我开始我的革命，对党对人民的忠诚，能反影（映）着我的思想、工作、作风。我将有一个希望，希望在我旁边的战友，当他为人民完成了任务时，最后的一点血流干了的时候，能替他收拾着这本子，看看他是怎样工作的一个革命战友。"

在解放上海战役的月浦攻坚战中，张勇任中国人民解放军第 29 军 87 师 260 团三营副教导员。渡江战役时，张勇的爱人胡兴野也在 29 军 87 师，是师部机关指导员兼文书，但彼此难以联系，只能偶尔通信。在张勇的遗物中，有他参加解放上海战役前 3 天（1949

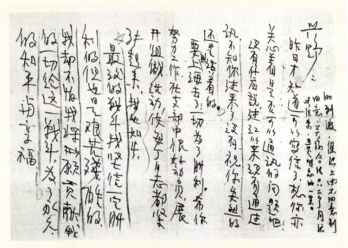

月浦攻坚战前张勇烈士写给妻子胡兴野家书（复印件）

年 5 月 9 日）写给新婚才 2 个月的妻子胡兴野的一封信。信中写道："要到上海去了！一切为了胜利。希你努力工作，在支部中很好动员，展开组织活动，使每个同志都紧张起来。我也如此。最后的战斗我坚信一定胜利的，但也是艰苦残酷的，我却不怕。我将愿贡献我的一切给这一战斗，为了永久的和平与幸福。努力吧！"

他是这样想的，也确实这样做了。1949 年 5 月 14 日，在解放上海的月浦主战场上，张勇英勇地冲到最前沿，阻击敌军坦克进犯，用集束手榴弹炸毁了其中一辆。而他自己也光荣牺牲。噩耗传到妻子耳中的两天后，信刚刚寄到，此时已是阴阳永隔，这封信竟成了他的遗书。

这封信的发现过程也很打动人心。胡兴野后来与张勇的战友成婚，沈鸽兵就是他们的孩子。捐赠时，沈鸽兵告诉我，母亲一直有个珍藏的小盒子，平日里谁也不能碰，大家都不知道里面装的是什么。直至母亲过世，清理遗物时才发现，盒子里就是这封信以及张勇的战地日记和立功奖状。沈鸽兵说，母亲并不避讳和张勇叔叔的这段感情，相反，两家人还常来常往，逢年过节联络问候，情谊已延续几十年。

一等功臣奖章：英雄回家乡深藏功与名

数十年深藏功与名，一生不改革命本色。邱祖清家住江苏省南通市如东县大豫镇兵房居委会。1949 年 5 月，18 岁的邱祖清在解放上海的战斗中不怕牺牲，连破敌人多座碉堡，为部队前进开辟了道路。1964 年，邱祖清转业到南通交通部门工作。不论转到地方工作，还是 1986 年离休之后，邱祖清都不曾提起当年在解放上海战役中立下的战功，不曾向组织提过任何照顾的要求。

1931 年 1 月，邱祖清出生在一个穷苦人家，年幼时曾乞讨为生。8 岁的弟弟和 12 岁的姐姐，又饿又病夭折了。"那时候就有一个念头，我要去当兵，解放全中国，让穷人翻身做主人。"就这样，1947 年 12 月，16 岁的邱祖清参加了中国人民解放军。

1949 年 4 月 21 日，人民解放军横渡长江这一天，入伍 1 年多

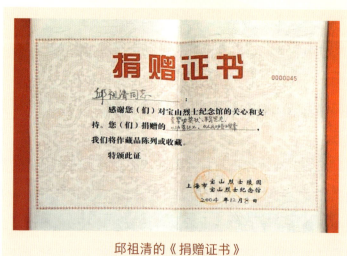

邱祖清的《捐赠证书》

的邱祖清火线加入中国共产党。他至今仍记得连长曹海云对他说的话："邱祖清同志，你从现在起就是一名光荣的共产党员，马上就要渡江，解放上海，希望你英勇杀敌，不怕牺牲。"此后，渡江作战、解放上海，他都表现英勇，最突出的就是参加解放上海战役的月浦之战。

要解放上海，首要是消灭在上海城市外围据点的敌人。吴淞是上海的水上门户，月浦镇是通往吴淞的大门。邱祖清所在的人民解放军29军87师260团在此次战役中执行攻坚任务，连长、副连长、副指导员接连中弹倒下，不少战友牺牲。邱祖清在向营长报告后带领七连发起进攻，将两组手榴弹绑在身上誓与敌人的碉堡同归于尽："我算是临危受命，已经做好了牺牲的准备。"

在月浦激战中，敌军的武器装备和防御工事比我军要强得多，面对敌人几百个碉堡和地堡，想要攻破非常困难，他带着3名战士先后炸掉了好几座，为全团开辟了前进的道路。历经半个月的激战，人民解放军解放了上海。在总结表彰大会上，邱祖清荣获"人民功臣"奖章。

木刻画：解放军到，老百姓笑

1949年5月28日清晨，上海市民打开房门，几乎都被眼前的一幕所感动：只见街沿旁、屋檐下，到处是怀抱枪支、和衣而卧的解放军指战员。征战的硝烟还残留在他们疲惫的脸上，酣甜的睡梦中却没有胜利者的骄矜。他们宁肯露宿街头，也不愿打搅上海市民。这是人民解放军送给上海市民的第一份"见面礼"。中共上海党组织为迎接上海解放，组织画家创作了《解放军到，老百姓笑》这幅木刻画。

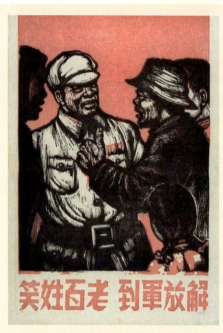

上海画家创作的木刻画：
《解放军到，老百姓笑》

其实，早在1949年4月1日，陈毅、粟裕就下达命令，颁布"入城三大公约十项守则"，让参加解放上海战役的各部队印制成"口袋书"，人手一册，作为指战员、工作人员进入上海城市生活行动的准绳，要求"人人熟记，人人做到"。入城三大公约是：遵守军管委及人民政府的一切法令和各种规定；遵守城市政策，爱护市政建设；保持革命军人

胜利之师睡马路（照片）

艰苦朴素的传统作风。入城十项守则是：无故不得打枪；不住民房店铺，不准打扰戏院及一切娱乐场所；无事不上街，外出要请假；车马不得在街上乱跑；不准在街上吃东西，不得扶肩搭背，不准拥挤街头；买卖要公平；驻地打扫清洁，大小便上厕所；不准卜卦算命，赌博宿娼；不准徇私舞弊；不准在墙壁上乱写乱画。

"胜利之师"睡马路的消息，随沪上各大媒体传遍海内外，美国之音不得不作了报道，就连美国著名的《生活》杂志也载文说："各项消息指出一个历史性的事实，那就是国民党的时代已经结束。"

战地文物："嫁"到上海去"安家"

为上海解放纪念馆捐赠文物最多的人，名叫吴文桂，当时她是中国人民解放军第33军政治部民运队队长。她是"倾其所有"，动员全家，花了近2年的时间用于查找、整理，共向上海解放纪念馆捐赠了66件档案和文物，约占纪念档案和文物的五分之一。

民运队长吴文桂动员船工向吴淞前线战地运送器材

或许很多人不知道民运队在当时是做什么的。他们的一大任务，就是做战勤工作，比如要收集战斗器材、粮食等，还要掩埋战地上的尸体。吴老讲过一个故事，民运队的一位女同志要执行掩埋尸体的任务，但尸体烂得快而且量大埋不过来，可这位女同志却咬牙坚持住了，一天两天三天……她吃不下饭睡不着觉，最后昏倒在现场。

在解放上海战役中，吴文桂为了给部队筹借修筑工事的器材，冒着大雨赶往嘉定方泰乡的老乡家中，路上不慎跌入一丈多深的坑里。直到次日下午器材筹集完毕，才发现人已无法站起，脚更是肿到鞋子也脱不下，只能用剪刀剪开鞋子治疗。但踝关节刚复位，她就立即扶着别人的身子站起，动员那些因担心敌军轰炸扫射而不大愿意运输器材到前方阵地的船工："还请各位乡亲们辛苦一夜，请各位帮帮忙，我和大家同去同回。时间就是生命，现在就开船。我坐第一船，大家跟上。"目睹此景又听闻此言后，船工们撑篙开船。

2005年，吴文桂将这么多档案和文物交出时动情地说，这些"宝贝"伴随着他们一家辗转南北近60年，现在要"嫁"到上海去"安家"了，心里的确有些舍不得，但能让更多的人铭记这段历史，那就值得。

胜利经验

上海战役取得军政全胜，创造了中国乃至世界战争史上的奇迹，极具世界意义。毛泽东亲笔改定的《祝上海解放》中说："上海的解放不但是中国人民的胜利，而且是国际和平民主阵营的世界性的胜利。"上海完整解放接管，不仅完全实现了中共中央预先谋划的政治战略目标，也为夺取全国胜利以及新中国成立奠定了良好的战略基础。在中国共产党的领导下，新上海以全

解放日报头版刊发了新华社社论
《祝上海解放》

新的政治形象在世界舞台上焕发出耀眼光彩。分析其原因，是多方面的，最主要的有以下几个方面。

一、正确的战略指导和有效的军事行动

战略指导正确。从战略任务的提出到作战的大体构想，从战役纲领的制定到战役部署，从作战任务的下达到作战的具体实施，中共中央、中央军委和毛泽东等同志，都给予及时的周密的正确的计

划与指导，使各种设想在渡江作战全过程中得到完全充分的实现。正如邓小平当时就指出的那样：党中央和毛主席规定了一套正确完整的政策与路线，是顺利渡江、顺利作战、顺利接收的第一个原因。

战前准备充分。在正确的战略指导基础上，解放军还进行了一系列的战略思考。一要考虑既能迅速全歼敌人，又能完整保存上海，以利于战后的建设；二要考虑能有秩序按系统地接管上海，并在接管后维持社会秩序，解决粮、煤等物资的供应问题；三要考虑如何对付帝国主义可能进行的武装干涉。同时实行"入城守则和纪律"以及"入城三大公约十项守则"等入城后政策纪律的学习和接管、警备的组织工作。抽调约5000名干部，组成各系统的接管机构，进行军事接管的准备。预定担任接管上海任务的第九兵团，还拟制了上海警备计划，并且进行了必要的训练。

战术运用成功。解放上海前，解放军的陆军火力已经超过并压倒国民党军队，对渡江作战也做了充分准备，战术和具体部署都非常周密，突破国民党的江防根本不在话下，主要考虑的是怎样截住上海的汤恩伯集团，因为他有海上的路可走。为此，担负渡江作战任务的第三野战军想定了解放上海的三种打法。中共高层领导权衡三种打法的利弊得失，一致认为第三种打法最佳。第三种打法分两个阶段进行。第一阶段即外围攻坚战，两翼迂回，重兵钳击吴淞口，封锁黄浦江，切断上海国民党军的海上退路，暂不攻击市区，把敌人吸引到外围，消灭其有生力量。第二阶段就是市区攻坚战。针对"瓷器店里捉老鼠"，老鼠要捉，瓷器还不能碰坏的目标，挑选一支过得硬的部队进攻上海市区，不许打炮，不准使用炸药包，使用轻武器与敌人逐街逐巷争夺。在实际作战过程中，又根据实际情况，及时有效调整战术。一是由于在战役指挥上采取钳形攻击的部署，首先从浦东、浦西两翼迂回吴淞口，对守军的海上退路构成严重威胁，迫使汤恩伯迅速组织撤逃；二是在对守军永久筑城地带的攻击受挫后，迅速总结经验教训，改变指导思想，在充分准备的基础上，按照城市攻坚战术原则，采取集中优势兵力火力，逐点攻取的战术；三是运用军事打击与政治争取相结合的原则，在给予国民党军强大的军事打击的同时，利用各种手段、各种关系，加强政治争取工作，促使国民党军残部纷纷起义或投诚。策反刘昌义战场起义，就是一个重要典型。

战斗作风顽强。在解放上海的战斗中，指战员不顾饥饿与疲劳，在泥泞路上，以日行 130 里的速度冒雨前进；机枪、迫击炮、山炮等重武器和大批弹药，无法驮载，全靠步兵人力扛运。当时正逢江南雨季，阴雨连绵，指战员从千里以外只用 10 天的急行军便赶到上海外围，战士衣服湿透，仍在泥浆溪沟中作战，有的甚至连续在水中一个星期。聂凤智回忆说，经过连日的战斗、追击，同志们没得到一宿的安眠，战斗下来的部队都静悄悄地坐在马路边上休息。在蒙蒙细雨当中，大家和衣熟睡在湿漉漉的洋灰（水泥）地上，不惊扰市民，不跨进民房。解放军这种高尚美德和严明纪律，也感动了全上海的市民，被后人传为佳话美谈。当天早晨，中国著名实业家荣毅仁特意上街，看到这情景后感慨万分，说："国民党回不来了。"

二、发挥党的政治建设的根本性、统领主导性作用

上海解放战役虽经历 16 天，但准备解放的时间并不短，尤其是集中于各项政治建设方面的工作，充分体现了党的政治建设的根本性、统领主导性作用。

充分发挥政治统领作用。中共中央在筹划准备阶段充分吸取接管沈阳、北平、天津等城市经验的基础上，高瞻远瞩，制定了正确的战略思想、工作原则和详细的接管政策；在贯彻实施过程中，准备充足、系统谋划、整体推进，发挥统领全局、协调各方的领导核心作用。

极其重视宣传教育工作。运用组织、宣传、统战、政法、情报策反等各种方法，做到顺民心、听民意、聚民智，为最终完整接管上海打下了良好基础。在具体工作部署中，贯穿政治要求，体现导向引领、严格管理和制度约束相结合的特点。在整个战役中各部队执行政策纪律情况良好，秋毫无犯，树立了仁义之师、胜利之师的光辉形象，赢得上海人民对我党我军的热爱与拥护。

注重政策规定制定落实。在解放接管上海中做到规定细微之处见政治，比如"不住民房店铺"、"无事不上街、外出要请假"、"家具用品不搬走、文件表册不乱翻、一切东西都不动、恢复建设不困难"等许多细小的规定，及其严格落实执行，扩大了党和军队的政治影响力，维护了党和军队的良好政治形象。从中共中央、华东局、上海局到上海各级地方党组织，从中央军委、总前委到华野各级军队指挥部，都把政治思想工作和纪律作风建设放在重要位置，确保战略宗旨得以贯彻执行，使全党全军团结统一、行动一致，确保严明政治纪律落到实处。

三、广泛发动并用好一切可以依靠的力量

争取人民群众的大力支援。上海这座英雄的城市，是中国共产党的诞生地。几十年来，上海人民在中国共产党的领导下不屈不挠地进行着斗争。五卅运动、上海工人三次武装起义等革命风暴，曾

经沉重地打击了帝国主义和反动派在上海的统治势力。中共上海党组织坚决执行党的路线和方针，使革命的力量不断聚积壮大，党员数量从 1939 年的 80 多名，发展到解放前夕的 8000 多名。这些党员，战斗在敌人心脏里，活跃在各条战线上，机智勇敢地领导和组织上海人民进行斗争。他们反对国民党破坏，保护工厂、机关、学校，配合解放军，维持社会秩序，迅速恢复生产，接管城市。为此，中共上海党组织发动上海各阶层人民群众普遍组织护厂队、纠察队、消防队等，并且在此基础上，组织秘密的人民保安队和宣传队，开展保护工厂、机关、学校的斗争，里应外合，配合人民解放军解放上海。上海人民在党的领导下，彻底粉碎了敌人妄图毁灭上海的罪恶阴谋，有力地配合解放军，为完整地保存上海这座英雄的城市，作出了杰出贡献。

中共上海党组织有力配合解放军行动。富有光荣革命传统的中共上海党组织有力地配合了主力部队的军事行动。上海工人、学生在解放前就参加护厂护校等各种活动，与国民党反动当局进行英勇斗争。苏州河以南的上海市区刚刚解放，便迅速恢复了正常的生活秩序，许多工厂一直未停止生产。全市的水电供应也从未中断，甚至连苏州河以北敌占区的电话，也照常和已解放的市区畅通。电车、公共汽车，也很快恢复了行驶；商店照常营业，市区街头贴满了庆祝上海解放的标语。上海这座大城市就这样奇迹般地从国民党反动统治者手中回到了人民的怀抱。粟裕对于上海党组织在解放上海过程中的作用给予了高度评价，他说，在上海的解放中，他们做了大量艰苦扎实的工作，是我军解放上海的坚强内应。

发挥社会各界进步力量的政治作用。人民解放军是解放接管上海的主力军,中共上海党组织是领导群众斗争的政治核心;广大工人阶级、青年学生、职员店员等各阶层群众是护厂护校护业的主体力量;爱国进步民主人士、中小工商业者响应支持党的政策,起到稳定人心、安定团结的政治作用。多方合力形成全方位合作配合,充分发挥了广大群众做主人翁、参与解放接管上海的政治积极性。

相关链接——常设展览、宝山烈士陵园、绮云阁、凯旋电台旧址、解放上海第一宿营地旧址

《战上海——上海解放革命历史陈列》是上海解放纪念馆的常设展览。展览运用丰富的史料、照片和文物，完整讲述了中共中央、中央军委运筹帷幄，中国人民解放军第三野战军不畏牺牲英勇作战，中共上海局、上海市委全力以赴里应外合，上海人民齐心协力解放上海，以及解放后各界群众在党和政府的领导下克服种种困难重建上海的恢弘历史全过程。

展览以历史脉络为主线，分为"运筹帷幄"、"军政全胜""城市新生"三部分，通过 300 余幅图片资料，143 套共计 296 件革命文物和历史档案、影像资料，深入挖掘上海解放前后惊心动魄的历史瞬间，真实再现 70 年前解放上海、接管上海、建设上海的光荣岁月，其中许多文物和照片为首次对外展出。展览还设置了多处多媒体互动展项，增强公众的参与度，使观众如身临其境般见证人民军队解放上海的光辉历程和丰功伟绩。展览以新颖的表现手法，创新理念、突破传统、打造亮点，让文物活起来，让历史立起来。《战上海——上海解放革命历史主题展》为展陈改造后的主展览。改造后的上海解放纪念馆，肃穆、大气、挺拔，更具时代新特色，不仅凸显解放事业的厚重，更适应现代人对革命解放事业的纪念和缅怀，将打造成为上海解放战争的资料中心、研究中心和上海重要的红色文化地标。

第一部分　运筹帷幄

1949 年，中国人民解放军取得辽沈、淮海、平津三大战役的胜利，为新民主主义革命在全国的胜利奠定了基础。中共中央在 1949 年 3 月召开的七届二中全会上，作出了党的工作重心由农村转移到城市的战略决策，把解放和接管城市提到了重要位置；与此同时，制定了"要完整保全上海"与"解放要服从接管"的指导方针。

（1）战略决策

1949 年 1 月 1 日，新华社发表毛泽东的新年献词——《将革命进行到底》，文章庄严宣告：1949 年中国人民解放军将向长江以南进军，将要获得比 1948 年更加伟大的胜利。

1948 年 11 月 6 日至 1949 年 1 月 10 日，中国人民解放军与国民党军队进行了一场被称为"南线战略决战"的淮海战役。在总前委的统一指挥调度下，中原、华东两大野战军浴血奋战，历时 66 天，歼灭国民党军 55.5 万余人，创造出"60 万战胜 80 万"的战争奇迹，为解放全中国奠定了胜利的基础。陈毅在总结淮海战役胜利的报告中曾指出：淮海战役取得伟大胜利的最后一个原因，是人民群众的广泛支前。

（2）丹阳集训

鉴于上海这座大城市的重要性，中共中央将江苏丹阳作为接管准备工作的集训基地。1949 年 5 月上旬，大批准备接管上海的干部汇聚丹阳，总前委和华东局的领导对军政人员强调入城纪律，进行政策教育与思想教育；并进行机构的干部配备、进城后的军事准备、人民生活必需品的供应等工作。

（3）里应外合

为配合解放军解放上海，1949 年 4 月中旬，中共上海市委决定在人民团体联合会领导下，建立统一的人民保安队和人民宣传队，开展护厂、护校、反破坏、反迁移；对敌进行宣传、策反、劝降；为解放军送情报、做向导。这些卓有成效的工作为解放军胜利进军和完整地保护上海作出了重要贡献。

1. 组织调整

1947 年 5 月，党中央决定成立中共中央上海局，中共上海局领导成员为刘晓（书记）、刘长胜、钱瑛、刘少文。1949 年 2 月，中共上海市委对全市党组织作了全面调整，并建立了一批外围团体。1949 年 4 月中旬，中共上海市委决定在人民团体联合会领导下，建立统一的人民保安队和人民宣传队。

2. 护厂护校

1949 年 4 月，中共上海市委将全市各企事业单位的护卫队、护校队、纠察队、自卫队等集中起来，建立统一的人民保安队。

3. 宣传活动

中共上海市委在建立人民保安队的同时还建立了人民宣传队。人民宣传队的任务是通过国内外广播电台收集政治与军事等信息，据此编成针对不同对象的《告上海人民书》《告国民党各机关人员书》《致地方人士函》等宣传材料，并印刷宣传中共政策的各种标语、口号广为张贴与寄送。

4. 收集情报

中共上海党组织发动群众，对国民党军事机关及兵力布防等进行秘密调查，并整理成情报资料及时递交解放军。

5. 策反劝降

中共上海党组织大力进行策反劝降工作，策反了一批国民党军队的高级军官，从内部瓦解敌军，并获得大量国民党军队的作战军事情报，为解放军指挥部制定作战计划提供了至关重要的依据。

6. 统战工作

中共上海党组织通过各种方式，促使追求光明的国民党政府官员、知名知识分子和民主人士留下来为新中国建设事业效力。

第二部分　军政全胜

在上海战役中，国民党为坚守这座城市，布置重兵防守，集中20万兵力，海、陆、空军种齐全。第三野战军广大指战员坚决贯彻党中央"要完整保全上海"的决策，在中共上海党组织和人民群众的密切配合下，仅用16天的时间就解放了上海，并使上海完整地回到人民的手中，创造了古今中外战争史上的奇迹。此役取得军事与政治的完全胜利。

（1）大军挺进

1949年4月21日，毛泽东、朱德发布《向全国进军的命令》，解放军突破长江天险。4月23日，南京解放；5月3日，杭州解放；5月10日，解放军第三野战军下达《淞沪战役作战命令》。

（2）血沃外围

为完整保全上海，第三野战军总部采取了将主战场设在市区外围的作战方案。解放军"从上海两翼迂回钳击吴淞口，封锁敌人海上退路"，经过艰苦卓绝的外围作战，摧毁了国民党苦心经营的淞沪外围防御体系。

1. 鏖战宝山

上海北部的月浦、杨行、刘行位于吴淞口西侧，北濒长江，东临浦江，是防御吴淞、宝山的重要阵地。国民党军队在这里重兵把守，设置密密麻麻的碉堡群落，构成纵横交叉的防御体系，还配以飞机、军舰与大炮的支援。解放军在这一地区的战斗中，付出了沉重的代价。

2. 占领浦东

在北部激战的同时，第三野战军总部作出了加快浦东作战的决定。由于解放军快速行动，敌军妄图炸毁海堤，"以水代兵"的计划化为泡影。解放军在川沙、高桥等地聚歼了扼守顽敌。

3. 钳击吴淞

为迫使国民党在市区的兵力调至吴淞，并切断其退路，解放军从东西两翼迂回包抄，钳击吴淞。

（3）总攻市区

1949 年 5 月 21 日，第三野战军司令员陈毅、副司令员粟裕下达《淞沪战役攻击命令》，第三野战军各部于 5 月 23 日夜，向上海市区同时发起总攻。进入市区的部队遵照只用轻武器的作战命令，采用快速推进、勇猛穿插、迂回包围的战术与敌作战。从而，保护了人民生命财产与城市建筑，保全了市区的工厂与学校。

第三部分 城市新生

上海解放后，中国共产党能否成功接管上海、稳固新生政权，此事备受世界瞩目。中共上海市委紧紧依靠人民群众，与各方通力合作，接管工作十分成功。之后，在党中央正确领导下，新生政权取得了打击金融投机、稳定市场物价、整顿社会秩序等一系列胜利，创造了接管特大型城市的又一奇迹。

（1）全面接管

上海解放后，饶漱石任市委书记，陈毅、刘晓任市委副书记。新生政权仅用两个月左右的时间，就有条不紊地接管了在沪的国民党军、政、警、特机构，文教、新闻、出版事业单位以及官僚资本的工厂企业。

（2）银元之战

上海解放之初，不法分子大搞银元投机，新生的人民币在上海遭遇严重危机。为此，中共华东局召开紧急会议，提出应对措施。1949 年 6 月 10 日，上海市公安局封锁了位于九江路上的证券大楼，扣押了 200 多个银元贩子，抄没了大量黄金、美元、人民币等。由此，银元投机活动遭致毁灭性打击。

（3）"两白一黑"之战

"银元之战"后，投机商在原本就供应紧张的市场上，大量购入粮食、纱布、煤炭（称为"两白一黑"），囤积居奇，再次引发涨价风潮。在党中央的领导和支持下，上海从全国各地及时调来大批粮食、棉花、煤炭集中抛售，给投机商以毁灭性打击，平抑了市场物价。

（4）整顿秩序

上海刚解放时，抢劫、偷盗、赌博、吸毒、嫖娼、敌特破坏等行为时有发生。为维护社会安定，从 1949 年 6 月起，上海发布了许多通令与规则，通过大力整顿，社会秩序日趋良好，群众精神面貌焕然一新。

（5）恢复生产

上海解放后，在国内外各种敌对势力干扰和破坏的环境下，党和政府领导全市人民经过 3 年的艰苦奋斗，克服各种困难，胜利完成恢复国民经济的任务。1952 年全市工农业生产总值达到 71.49 亿元，比 1949 年增长 91% 以上。

宝山烈士陵园位于宝杨路 599 号。1949 年 5 月 12 日，上海战役打响。宝山是上海战役的主战场，打响了解放上海的第一枪。在外围的战事中，最激烈的战斗发生在宝山。我军将士打开了通往吴淞口的大门，为战役的全面胜利奠定了基础。在解放宝山的战斗中，有近 4000 名解放军战士牺牲，占整个上海战役牺牲烈士的一半。为纪念革命烈士，1956 年 3 月，宝山县烈士公墓建成，陵园内安葬着中国人民解放军在上海战役宝山战区牺牲的 1884 名烈士的遗骸。1976 年全面改造，更名为"宝山烈士墓"。1987 年 12 月，更名为"宝山烈士陵园"。1999 年 4 月，烈士陵园内建成宝山烈士纪念馆，

宝山烈士陵园——解放上海烈士英名墙

展示 95 位烈士的英勇事迹。2003 年 11 月，宝山烈士陵园被公布为宝山区爱国主义教育基地。2006 年 5 月，陵园内又建成上海解放纪念馆和解放上海烈士英名墙。2009 年 12 月，上海解放纪念馆被公布为上海市爱国主义教育基地。

绮云阁位于黄浦区南京东路 635 号永安百货公司顶楼。永安百货大楼由香港永安公司在上海创办，开工于 1916 年，1918 年正式建成。大楼占地面积为 5681 平方米，建筑面积为 30992 平方米，六层钢筋混凝土结构大楼以英国古城堡为底蕴，采用希腊柱式的折中主义建筑风格。1949 年 5 月下旬，中国人民解放军进入上海市区。5 月 25 日，苏州河以南上海市区获得解放。为迎接解放军的到来和欢庆上海解放，南京路上永安公司的中共党员赶制了一面红旗，并冒着生命危险登上公司大楼最高处，将红旗插上绮云阁，成为上海解放时南京路上升起的第一面红旗。

1949 年 5 月 25 日，天蒙蒙亮，黄浦江上的太阳已经耐不住性子，急着探出头，照耀这片大地。永安公司的四名中共党员雷玉斌、黄明德、乐俊炎和唐仁开始忙碌起来，他们或是巡查商场各个楼面和主要入口，严防特务进出；或是紧张地刻写蜡纸，油印宣传品迎接上海解放；或是在一幅巨大的白布上用毛笔抄写《中国人民解放军布告》，准备在上海解放时将它高高悬挂在公司大楼面向南京路的墙上。

正在大家忙碌着欢迎解放军时，有人提议，是不是可以用升红旗的形式欢迎解放军的到来！大家一致认为这是个好主意，一则红旗是解放军的象征，二则红旗更可以告示人们胜利的曙光就在眼前。主意拿定后，大家从公司找来了一块大红布，赶制出一面红旗，而且还决定将红旗挂在"绮云阁"。绮云阁，是永安公司楼顶一座巴洛克风格的三层塔楼，与先施公司的摩星楼遥相呼应，是南京路上的制高点之一，也是鸟瞰上海全景的最佳去处。在绮云阁上悬挂红旗无疑是最醒目的，当然也是最危险的。

时间一分一秒地过去，永安公司的四名青年党员收拾好行装，冒着枪林弹雨爬上了塔楼，准备把红旗挂在旗杆的钩子上升起。但爬上去后却发现钩子掉了，上面窄小的空间根本站不住人。此时，解放上海的战斗还在激烈地进行着，控制苏州河阜丰仓库的国民党残敌发现了绮云阁上的人影，便向绮云阁方向一阵扫射，幸好距离较远，子弹没有给年轻的党员们造成伤害，只在北侧的墙上留下一排弹痕。职工乐俊炎找来一根竹竿，冒着生命危险升起了红旗。这时，潜伏在北面的国民党军队扫来一排机枪子弹，打断了旗杆。党员们没有被吓倒，而是急中生智，找出一根消防皮带来。乐俊炎趁着机枪声暂时停歇，用皮带将自己和旗杆绑在一起，腾出两手，将红旗系上旗杆。

终于，南京路上升起的第一面红旗在空中飘扬起来了！

看到永安公司楼顶飘起了红旗，新新、大新、先施等百货公司也纷纷挂起了红旗。

在永安公司绮云阁上升起的这面红旗，不仅迎来了上海的解放，也见证了南京路新生的历史时刻。

后来，永安公司改名为上海华联商厦，绮云阁被改造为上海华联商厦店史陈列室，曾作为上海革命纪念场馆之一对外开放。2005年，华联商厦全面恢复了大楼古典式建筑的历史原貌，并改名为永安百货。

凯旋电台旧址今景

　　凯旋电台旧址位于黄浦区南京东路 720 号新新百货公司（现上海市第一食品商店）五楼。新新百货公司由华侨所开，1925 年建成。该建筑共六层（包括地下在内共七层），建筑面积达 2 万余平方米。1926 年 1 月，环球百货公司新新公司开张。

　　为加强广告宣传，在百货公司五楼设置了新新广播电台，这是第一个华商电台，设备及电力功率长期为华商电台之最。1927 年，新新公司开办屋顶花园游乐场，并在五楼新都饭店大厅创建中国第一家民营广播电台"新新电台"，播出新闻、广告、商情、音乐等。1927 年 3 月 18 日，新新电台首播。电台每日播音数小时，播放新闻、商情及各种音乐京调小曲，每逢周一、三、五、六另加特别节目，很受市民欢迎。电台原在新都饭店大厅内，四周围以玻璃，所以它又叫做"玻璃电台"。1941 年 10 月发生火灾，电台被毁坏。抗战胜利后，重建此电台，命名为"凯旋电台"。1949年5月上海解放前夕，新新公司党支部为迎接解放，特派数名中共党员控制、掌握设在公司五楼的"凯旋电台"的关键技术。5月25日凌晨，解放军队伍进入南京路，新新公司党支部按照原定计划占领电台，播音员李云森含着激动的泪花向全市人民宣告"上海解放了"的胜利消息，发出人民之音第一声，并反复播放解放军布告《约法八章》和《解放区的天是明朗的天》等革命歌曲。

解放上海第一宿营地旧址位于万航渡路1575号华东政法大学内（原极司菲尔路圣约翰大学交谊楼）。

圣约翰大学是美国基督教圣公会在上海创办的一所教会大学。学校主要原建筑有怀施堂（韬奋楼）、六三楼、交谊楼等，多为中西合璧式建筑。交谊楼是由美国圣公会第一位华人牧师黄光彩之长

解放上海第一宿营地旧址

女黄素娥 1919 年发动募捐活动修建的，建筑面积 1768 平方米，为钢筋水泥和砖木混合结构的中西合璧式建筑。交谊楼原名交谊室，1929 年 12 月落成。刚建成时的交谊楼共两层，上层为交谊厅，下层是独立的房间。交谊厅除用于交谊、会议、文娱活动外，还可进行篮球比赛，厅的四周上端东、西、北设有看台，南面设有放映间。下层有大小房间 11 个，供学生社团使用。1949 年 5 月 26 日凌晨，陈毅与华东局的其他领导进驻解放上海第一宿营地——圣约翰大学交谊楼。当晚，与中共上海党组织领导人会面。陈毅询问了宋庆龄的情况和安全，希望将她接到更安全的地方去。随后，又详细了解上海当时的情况，指导接管工作。5 月 27 日上午 9 点，踞守在杨树浦发电厂和自来水厂的最后一股残敌缴械投降，上海全部解放。

如今，交谊楼已改建成华东政法大学科研和学术交流中心。

上海解放大事记

1月

1 日，新华社发表中共中央主席毛泽东写的题为《将革命进行到底》的新年献词，提出 1949 年中国人民解放军将向长江以南进军，解放全中国，将革命进行到底。

3月

5 日，中国共产党七届二中全会在河北省西柏坡村举行，13 日结束。毛泽东向全会作工作报告。全会提出 1949 年要夺取全国胜利，把党的工作重心由乡村转到城市。

26 日，中共中央通知南京国民党政府定于 4 月 1 日开始在北平举行和平谈判，并决定周恩来为谈判首席代表。

31 日，总前委起草《京沪杭战役实施纲要》。

4 月

1 日，中国人民解放军第三野战军颁发《入城三大公约十项守则》的命令。

3 日，毛泽东为中央军委起草电报，批复同意总前委《京沪杭战役实施纲要》。

21 日，毛泽东主席、朱德总司令发出《向全国进军的命令》。

23 日，中国人民解放军占领南京，结束国民党政权在中国 22 年统治。

5 月

1 日，粟裕、张震调整第九、第十兵团的部署。

2 日，粟裕、唐亮赴丹阳将上海战役的设想和部署向邓小平、陈毅作汇报。中共中央上海局书记刘晓从丹阳致电在上海的刘长胜，提出：上海的解放日益迫近，要把接管准备工作作为中心工作。

3 日，中共中央华东局抽调 2 万余名干部，结集于江苏丹阳，进行接管上海的准备工作。中共中央华东局发出《对沪局工作指示》，指出：人民解放军不日就将进入上海，要求中共上海党组织集中力量保护工厂企业，维持社会秩序，阻止破坏。

5 日，中共第三野战军前委颁发涉外政策和城市纪律的具体规定。

8 日，第三野战军副司令员粟裕率部进驻苏州，指挥上海战役。

10 日，中国人民解放军第三野战军下达《淞沪战役作战命令》。陈毅在丹阳干部会议上讲话，强调入城纪律和进入上海要注意的事项。

12 日，中国人民解放军开始向上海外围发起进攻。

13日，第28军占领嘉定县城和罗店镇。第20军占领金山县城朱泾镇和金山卫。第27军占领松江县城。

14日，第29军攻占月浦镇。第26军占领黄渡镇、南翔镇、马陆镇。第27军占领青浦县城、泗泾镇。第20军占领奉贤县城南桥镇。第30军占领奉贤县旧城和南汇县城。

15日，第28军攻占刘行镇。第30军攻占川沙县城和顾家路镇。第10军占领上海县城北桥镇。

16日，第三野战军命令第9兵团第20军、30军、31军夺取高桥，抢占浦江东岸阵地。

18日，第31军攻占高行镇、东沟镇。

19日，第20军主力东渡黄浦江攻击浦东市区。第31军攻克金家桥镇和庆宁寺，第27军占领七宝镇，第18军攻占刘行国际电台。

20日，总前委报告中央军委，接管上海准备工作已就绪。

21日，第三野战军在苏州下达《淞沪战役攻击命令》。

22日，第27军占领虹桥机场。第20军占领洋泾镇、张家楼、周家渡等地。

23日下午，第三野战军特种兵纵队的炮兵对高桥东南海面之十余艘国民党军舰猛烈炮击，当即击伤敌舰7艘。

24日，第20军攻占浦东，当晚，渡江进入上海市区。第27军占领虹桥镇、龙华镇和龙华飞机场，并于当晚占领梵皇渡车站及以南铁路沿线。

25日，第26军占领真如车站、真如国际电台、大场飞机场。第27军、23军及20军主力占领苏州河以南市区。

26日，第三野战军于苏州下达《淞沪警备命令》，决定警备司令部以宋时轮为司令员，郭化若为政治委员，覃健为参谋长。以第20军、26军、27军、30军、33军及特种兵纵队担任上海市区、吴淞要塞区及各郊县的警备任务。警备司令部归上海市军事管制委员会直接指挥。邓小平、陈毅和张鼎丞、中共中央华东局机关、接管上海的干部队伍，先后进入市区。

27日，粟裕、张震率三野指挥所由苏州进驻上海市区，随后肃清国民党残余部队。至此，上海完全解放。中国人民解放军上海市军事管制委员会宣告正式成立。陈毅为主任，粟裕为副主任。

28日，上海市人民政府宣告成立。

30日，中共中央电贺上海解放。

——上海淞沪抗战纪念馆微信公众号

第十二章　墙外桃花墙里血

——龙华烈士陵园

龙华烈士陵园位于上海市徐汇区龙华西路 180 号。陵园由主题纪念园区、专题人物纪念馆、历史遗址三部分组成，占地近 20 万平方米。

龙华烈士陵园

主题纪念园区由纪念瞻仰区、纪念雕塑、龙华碑苑、烈士墓区构成。入口广场、园名牌楼、纪念广场、纪念碑构成主题纪念园区的纪念瞻仰区。大型纪念雕塑有十余组，内容创意源自上海 100 多年来的一些重大历史事件，散列于园内各处。龙华碑苑由镌刻先烈诗文的碑石、碑亭、碑廊、碑壁等构成，碑苑书法部分沿用烈士手迹，余者皆以楷、行、隶、草、篆等风格各异的书法艺术，刊刻于亭、廊、壁、石之上。烈士墓区由烈士墓、烈士纪念堂和无名烈士墓组成，安息着 1700 余位牺牲于不同时期的烈士。

专题人物纪念馆陈展面积约 6000 平方米，布设有"英雄壮歌——上海英烈纪念展"。展览紧扣"英雄之城孕育英雄，英雄精神激励后人"的主题，通过 1500 余张照片、400 余件（套）文物、文献，百余块口述历史、知识扩充、青少年互动等多媒体屏，21 个多媒体互动展项以及百余件全国名家精心创作艺术品，用朗诵、舞蹈等艺术形式点亮自 1911 年以来为中国的独立、自由、解放而献身的 256 位革命英烈的精神，"转化"为一首"英雄赞歌"。

历史遗址由原国民党淞沪警备司令部旧址和龙华革命烈士就义地两部分组成，安葬着顾正红、罗亦农、赵世炎、林育南、李求实等革命烈士，有"上海雨花台"之称，为全国重点文物保护单位。

龙华烈士陵园为全国爱国主义教育基地和上海市青少年教育基地。

龙华喋血

旧上海，有"三月半，游龙华；到龙华，看桃花"的民谣。而龙华在当时之所以出名，一是有始建于三国的龙华寺和始建于宋代的龙华塔；二是桃花成林；三是杀人之地。

早在 1915 年，军阀淞沪护军使署就在这里设立拘留所和陆军监狱，开始关押和杀害孙中山领导的革命党人和反袁志士。蒋介石在 1927 年发动四一二反革命政变后，开始在这里设立淞沪警备司令部。1927 年四一二反革命政变后，中共早期重要领导人和优秀党员汪寿华、宣中华、孙炳文、佘立亚、杨培生、张佐臣、陈延年、赵世炎、郭伯和、黄竞西、周颙、顾治本、糜文浩、陈博云被杀害。1928 年，罗亦农、陈乔年、郑复他、李主一等牺牲。1929 年，又有杨殷、彭湃、颜昌颐、邢士贞等牺牲。龙华烈士陵园就是这些革命烈士的埋骨处。

鲁迅当年曾经说过，"至于看桃花的名所，是龙华，也是屠场，我有几个青年朋友就死在那里，所以我是不去的。"他所指的青年朋友，就是当年左联的 5 位青年作家柔石、殷夫、胡也频、李求实和冯铿。1931 年 1 月，上海先后有大批共产党员和革命志士被捕，不久即被引渡到国民党公安局，后又押解到国民党淞沪警备司令部，也就是今天的龙华历史遗址所在地。

革命者在这里的审讯室，历经各种刑讯，却丝毫没有动摇。当时只有 17 岁的欧阳立安，是这次被捕的人中最年轻的一个。他成

淞沪警备司令部

长在革命家庭，很早就做起了交通员，帮助传递机密情报。在上海，他常常和青年工人们交朋友，给工人朋友讲道理、朗诵诗歌、开展文艺演出。工人们还推选他为上海总工会青工部部长。当叛徒指认了他的身份，敌人严刑拷打威逼他时，17 岁的他在法庭上慷慨激昂地对法官说："我可以告诉你们，中国革命一定会胜利，国民党迟早要灭亡！不错，我是共产党员，就是筋骨变成灰也是百分之百的共产主义者！我为主义，为人民而死，死而无怨！"法官听了，极为震慑，连话也问不下去了。即便是穿着已被打烂的衣衫，拖着沉重的脚镣，胡也频（作家丁玲的丈夫）在临近牺牲前，还风趣地向狱中难友建议，把口袋里的钱集中一下，找个理发匠来理一理发，"就义后，给反动派拍起照来也显得威武一点"。在狱中，他和柔石悄悄收集烈士和难友的斗争事迹，积极投入文学创作。柔石还向殷夫学习德文，向李求实学习俄文。李求实还在狱中为难友开办识字班，宣传革命道理。革命者相互鼓劲，积极革命，完全忘记了狱中的苦难和险恶。

1931年2月7日深夜，大雪纷飞，敌人诡称要将这24位烈士押解南京，分两批从牢房中把24人提出，押到军法处法庭上，一一验明正身。大家知道最后的时刻到了，愤怒抗议，举起铁镣撞击敌人，敌人惊慌失措，蜂拥而上，一边强拖硬拉，一边用鞭子狠命抽打，把24位烈士强行押送到广场上。24名烈士戴着手铐重镣，赤着双脚，被排成两排。这时躲在不远处屋内的敌人突然把枪口从窗户中伸出一阵疯狂扫射。第一排的难友没有任何准备就倒下了，第二排的难友立即踏上一步，高呼"中国共产党万岁"、"打倒蒋介石"、"打倒国民党"，《国际歌》声此起彼落。后据当时的目击者回忆，伍仲文烈士身上中了13枪，是最后一个倒下去的，当敌人打到

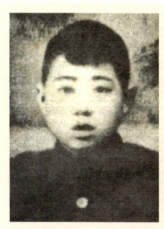

欧阳立安

第 10 枪时，她还在高呼口号。冯铿烈士也是被打了数十枪才倒下的。龙华这块土地被烈士的鲜血洒满，执行的士兵手都软了。事后，有的士兵觉得干这种事太残忍，太没人性，就开小差不干了。

1934 年春，被囚在龙华监狱中的张恺帆（解放后曾任安徽省副省长），在狱中墙上留下了一首诗，纪念牺牲的烈士。诗文是："龙华千古仰高风，壮士身亡志未穷，墙外桃花墙里血，一般鲜艳一般红。"直至 1937 年，尽管很多人是被秘密处决，没有留下任何档案和名字，确切人数已经无法统计，但在龙华和附近的枫林桥一带被枪杀的革命志士数以千计是不会错的。

忠骨何在

1949 年 12 月 6 日，新中国刚成立不久，烈士欧阳立安的母亲陶承在《人民日报》发表了《回忆儿子的牺牲》一文。文中动人地阐述了 1931 年 2 月 7 日欧阳立安在龙华与 20 多位革命者一起牺牲的光辉革命事迹，引起社会很大反响。许多读者读了这篇文章后热泪盈眶，万分激动。一些老干部、老同志、人民群众和烈士家属纷纷要求查找烈士遗骸。时任中央人民政府内务部部长的谢觉哉签署命令，并发函给上海市人民政府，根据烈士家属要求和提供的线索，设法查找"龙华 24 烈士"的遗骸。内务部这一设想与当时的上海市市长陈毅的想法不谋而合。原来，陈毅在革命生涯中三次到过上海，并和龙华结下不解之缘。与他结识的许多优秀的党内重要干部都是在龙华牺牲的，陈毅市长也曾叮嘱市政府有关人员说："龙华要搞纪念性建筑。"于是，市政府立即指令市民政局和当时的地方政府龙华接管委员会组织力量，克服种种困难，找当地的老居民和部分知情者调查勘察。

然而，烈士们牺牲之处原有的重要标志方塔已毁，附近盖了不少房屋，发掘工作一开始就遇到诸多困难。早在 1938 年上海沦陷时，龙华国民党淞沪警备司令部就已经撤销，建造在该处的一·二八抗日阵亡将士纪念堂、纪念园和纪念碑等，均被日军炸毁。抗日战争胜利后，国民党又在该处开设了兵工厂。据兵工厂的一位老工友回忆，在八一三淞沪抗战前，工厂的围墙外埋过 20 多个人。

龙华二十四烈士纪念地

当地居民鲁才宝也记得在该处埋过 20 多人，并且听说都是共产党员。具体的埋葬地点就在警备司令部围墙下的一个洞口外。为了进一步核实烈士们遇难的确切地点，调查人员又询问鲁才宝。鲁才宝回忆道，往年国民党军警的屠杀，都是在白天公开进行，尸身由老百姓掩埋。而在 1931 年旧历年 11 月的一天，看见警备司令部的士兵在围墙外挖坑，并在白天看见士兵以洋油桶取净坑内积水。夜间八、九点左右闻有枪声，次日即见士兵挖的坑已经填平。因为时间间隔较久，也不能十分确切地肯定，但史实情况应该基本正确。

1950 年，根据多方线索和勘察情况，调查人员遵照市政府和市民政局的指示，在龙华原国民党淞沪警备司令部旧址附近，发现骨骸 18 具，还有碎骨数具，因骨骸粉碎，已难以分辨出谁是谁。同时还发现残缺不全的脚镣、手铐各一个，十文铜钱 50 枚，银币 4 枚，腐烂的绒线背心 1 件。调查人员当即将这些尸骨置于一个大棺材中埋葬在原处。后经鉴定，证实这里就是 1931 年 2 月 7 日林育南、何孟雄、李求实等 24 位烈士的遇难地。中央内务部致函上海市人民政府，同意将欧阳立安等 20 多位烈士的遗骸移葬至龙华第一公墓内，并决定在上海解放和中华人民共和国成立一周年的日子里，在墓地举行盛大的祭扫典礼活动。同时还要求各方人士尽可能收集有关烈士的详细史料，以便立碑永远纪念，并在人民群众中广泛开展宣传教育活动，学习烈士们忠于党、忠于人民，为民族解放和实现伟大的共产主义理想而英勇不屈的革命精神。

1958 年，上海将分散在虹桥、江湾、大场等处的烈士坟墓集中到龙华，改建为上海市烈士陵园。1983 年，赵世炎烈士的夫人夏之栩来此瞻仰，回北京后向党中央写了一封信，信中讲道："在那里，看到了一些照片，我仿佛又回到了当时血雨腥风的岁月。照片中我熟悉的面孔，比起南京雨花台还要多几倍。他们很多是我党第一批参与建党的人物，他们是我党在白区工作时期，遭到帝国主义者和国民党的叛徒蒋介石屠杀的最早牺牲者。牺牲的时间主要是 1925 年到 1931 年，他们前仆后继，艰苦奋斗，播下了千万颗革命的种子。"

为纪念先烈，经中央批准，上海市规划建设龙华烈士陵园。1995 年陵园建成对社会开放，邓小平为龙华烈士陵园题写园名。在这里，当年国民党龙华警备司令部的囚室、行刑场所、看守员住处、钉脚镣的石板等都按原貌保持着。烈士纪念馆造型为一个 36 米高的玻璃金字塔，其中安放着 540 名烈士的骨灰。烈士陵墓区则安寝着 1120 位烈士，其中就有陈独秀的两个儿子陈延年和陈乔年以及罗亦农、赵世炎和二十四烈士。烈士的遗物、脚镣、手铐等现由上海革命历史博物馆筹备处作为国家一级革命文物永久保藏。

陈家双雄

在龙华烈士陵园草木葱郁的烈士墓地中，静卧着一对同胞兄弟的墓碑，就是中国共产党主要创建者陈独秀的儿子陈延年、陈乔年二人。在 1927 年 6 月到 1928 年 6 月的 1 年时间内，两个不到 30 芳华的年轻革命者先后牺牲在上海，后被安葬在龙华烈士陵园。

共同成长

陈延年，1898 年出生；陈乔年，1902 年出生。陈家是安庆城内有名的书香门第，陈独秀也非常重视和关心子女的教育和成长。在孩子们幼年时期，陈独秀一有空，就想着法子和孩子一面做游戏，一面就是教学问。延年、乔年兄弟二人天资聪颖、勤奋好学，从小就打下了扎实的国学功底。1917 年，兄弟俩考入震旦大学。

1919 年 12 月，二人为寻求救国救民的真理，又一同赴法国勤工俭学。也是在刻苦学习和斗争锻炼中，他们逐步接受了无产阶级

陈延年、陈乔年

的革命真理，与过去所信仰的无政府主义决裂，成为坚定的马克思主义者。1922 年 9 月，在法共党员阮爱国（胡志明）的介绍下，陈延年、赵世炎、王若飞、陈乔年等加入法国共产党。这一消息引起中央高度重视，时任中共中央执行委员会委员长的陈独秀也倍感欣慰。为了扩大共产主义的影响力，发展党在旅欧人员中的力量，中共中央承认他们为中国共产党党员，并组成中共旅欧党组织，陈延年、赵世炎和周恩来被选为组织领导成员。

1923 年初，旅欧党组织决定派陈延年、赵世炎、王若飞、陈乔年等 12 人第一批赴俄学习。4 月下旬，在周恩来的伴送下，一行人经比利时、德国到达莫斯科，进入东方劳动者共产主义大学学习。苏联的生活和学习环境，相较于法国来说十分的优越。兄弟俩一头扎入马克思主义理论汪洋中，共产主义信仰越发的坚定。学习期间，陈延年学习勤奋，思想活跃，才思敏捷，出口成章。他总是以列宁为榜样，每逢开会议论，尤其是在辩论一些政治原则问题时，就像列宁所说，以猛狮那样的气势和雄辩来征服对方，赢得大家的尊敬，被同志们戏称"小列宁"。陈乔年则与同学一同将《国际歌》翻译为汉文，教同学们学唱，在留学生中很快流传开来，更加鼓舞了大家的斗志。

并"肩"作战

随着国内革命斗争的展开，急需大批干部投入革命。党中央陆续抽调旅欧、旅俄的同志回国工作。陈延年、陈乔年二人先后奉中央命令离开莫斯科回国。

1924 年夏天，陈延年奉命和七八位同志离开了莫斯科。9 月下旬到达上海，10 月抵达广州，任中共广东区委秘书、组织部兼宣传委员会负责人，与周恩来同志共同管辖两广、福建和香港事务。12 月，周恩来随同黄埔军校学生军东征，陈延年由于工作出色接替其担任中共广东区委书记。大革命时期，正值国共两党实行党内合作。广东作为革命的中心，中共广东区委所处的地位格外重要，面临的局面也极为复杂，特别考验党的领导者的领导艺术和工作能力。陈延年着力于广东区委和广东党组织的建设。一方面，使广东区委的工作体系更加完善。先后建立了秘书处、组织部、宣传部、工人部、农民部、军事部、妇女部和青年部等区委工作部门。另一方面，扩大和巩固党的基层组织。大力发展各条战线上的积极分子入党，广东区委也举办了各种形式的讲习班，陈延年也时常去给党员讲课，广大党员的理论认识水平得到了提高。1925 年在五卅惨案、沙基惨案发生后，陈延年与邓中夏、苏兆征等，领导了世界工人运动史上最长的一次罢工——省港大罢工，震惊全国，鼓舞了中国人民，给予帝国主义以沉重打击，促进革命形势朝着有利的方向发展。在陈延年和中共广东区委的出色工作下，广东区的革命力量迅速地发展壮大起来，至 1927 年 3 月，广东党组织已经拥有 9000 多名党员，成为当时全国党员人数最多、最具凝聚力和战斗力的地方党组织之一。同时，广东也成为中国共产党最早建立革命根据地的地区。但不幸的是，1927 年 6 月，准备在上海四川路底施高塔恒丰里 104 号居民宅里开会的时任江苏省委书记陈延年被捕入狱。

1925 年秋，陈乔年奉中共中央之命，离开莫斯科回国，被派到了北方工作。陈乔年协助李大钊和赵世炎领导北方地区的反帝反封建斗争，同样因工作出色，很快接任中共北方区委组织部部长。一方面，陈乔年积极加强北方党的组织建设。为了扩大党在北方的组织，壮大革命的力量，他工作极为投入，经常深入斗争一线，到工厂、学校、机关了解情况，指导工作，发展党员，扩大组织。并针对中国共产党当时建立时间还不长，党的组织还不严密的情况，制定了组织工作制度，要求各级组织遵循，并精心设计了各种统计表格，发给各级组织使用，取得了很好的效果。北方区委加强组织建设的经验被党中央向全国各地介绍和推广。另一方面，陈乔年在党的思想建设上也做出了重要的贡献。他和李大钊积极筹办了《向导》和《政治生活》的印刷厂，使党中央和北方区委的这两个重要刊物及时在北京印刷出版。这些成就，使北方区委这位最年轻的领导人逐渐崭露头角，得到大家的信赖。1926 年下半年，陈乔年被选为中国共产党第五次全国代表大会代表。1927 年，到上海工作了一段时间后，陈乔年在武汉参加党的五大，成为最年轻的中央委员，并留在武汉工作，担任中共中央组织部副部长，代理李维汉部长主持中央组织部工作。大革命失败后，中国共产党遭受到严重打击，无数位党的精英被国民党杀害。为了反抗国民党的倒施逆行，中共中央制定出武装反抗国民党和实行土地革命的总方针，在汉口召开了八七会议。陈乔年参加了这次会议，并在发言中对自己父亲的错误思想进行了严肃的批评。会后，他调任中共湖北省委组织部部长，不久，又调到上海，担任中共江苏省委组织部部长。在极其艰难险恶的环境下，陈乔年和省委书记王若飞想尽办法，巧妙地和敌人周旋，逐步恢复和巩固了大革命中遭受严重破坏的上海党的各级组织，重新汇聚了上海的革命力量，上海和江苏地区的革命力量得以发展，为掀起革命新高潮准备了条件。1928 年 2 月 16 日，中共江苏省委组织部和上海总工会在上海公共租界北成都路刺绣女校和酱园路秘密召开会议，由于叛徒唐瑞林告密，正在开会的陈乔年不幸被捕。

龙华"相见"

在生命的最后，陈延年、陈乔年在同一个地方——上海龙华塔下"相见"。

陈延年被捕的消息传到党中央，党的地下组织立即设法营救。然而，营救未成。身份暴露后，敌人妄图通过许诺引诱从这位共产党的高级领导人那里得到宝贵的口供，但却一无所获。于是又施以重刑，陈延年虽然被打得数次昏死过去，仍只字不吐。敌人无计可施，只得下令将陈延年秘密处决。1927年6月底，反动派借着夜幕，把陈延年秘密押赴刑场。面对刽子手高高举起的屠刀，陈延年昂首

陈延年、陈乔年烈士墓

挺胸，傲然站立。刽子手喝令他跪下，他大义凛然地说："革命者光明磊落，视死如归，只有站着死，决不下跪。"任凭刽子手丧心病狂地嚎叫，陈延年岿然不动。刽子手一拥而上，把陈延年按倒在地，随即挥刀砍去。在这一瞬间，陈延年一跃而起，傲然挺立，怒视刽子手。砍下去的屠刀扑了个空，刽子手恼羞成怒，蜂拥而上，以乱刀将陈延年砍死。陈延年牺牲时年仅29岁，蒋介石惟恐受到舆论谴责，亲自下令不准家人收尸。毛泽东曾高度评价他为"党内不可多得的人才"；周恩来曾感触地说："广东的党团结得很好，党内生活也搞得好，延年在这方面的贡献是很大的"；董必武称赞他是"是党内不可多得的政治家"。

明知山有虎，偏向虎山行，在国民党先后杀害陈延年与赵世炎的艰险环境中，陈乔年将生死置之度外，义无反顾地跟随其兄的脚步来到上海。1928年，陈乔年被捕后，关押在国民党淞沪警备司令部看守所。为了从陈乔年口中得到所需要的东西，敌人使用了各种残酷的刑罚，他虽然被敌人打得体无完肤，却没有泄露一点党的机密。为了坚守革命理想，陈乔年不畏牺牲。当同志们难过地同陈乔年告别时，他却乐观地对大家说，"让我们的子孙后代享受前人披荆斩棘的幸福吧！"1928年6月，凶残的敌人最终在上海枪杀了陈乔年等三名共产党人，陈乔年的生命定格在26岁。噩耗传出，党的刊物《布尔什维克》发表文章沉重哀悼。

"枫林桥畔待车时，磊落英姿仔细思；血肉欲寻何处是？斑斑点点在红旗！"陈延年、陈乔年投身革命洪流，为着共同理想和目标奋斗。他们的一生虽短暂但却悲壮，巍巍的龙华塔，滚滚的黄浦江，就是这段历史永恒的见证。

龙华精神

　　龙华精神以中华民族的民族精神为源泉、以上海近代以来的革命建设实践为基础、以在上海做出贡献乃至英勇牺牲的烈士为主体，吸收借鉴时代精神的内核。龙华烈士的牺牲时间，跨越了中国共产党领导革命、建设和改革三个阶段，生动体现和反映了中国共产党革命精神与文化。龙华烈士对理想信念的坚守、对革命事业的无私奉献、对党和国家的无限忠诚，及在党的生存和事业面临危机的情况下展现出的艰苦奋斗、开拓进取等品质，构成龙华精神的核心。这些精神与中国共产党的精神谱系和优秀传统一脉相承。对龙华精神的研究和宣传，一方面，党的红色基因的传承在龙华烈士身上得

龙华墙

到充分的彰显，可以让人民群众对中国共产党人的红色基因的形成过程了解更为直观和深刻；另一方面，中国共产党由小到大、由弱变强的发展过程，党领导中国人民实现民族独立、人民解放，进而实现中华民族伟大复兴的奋斗历程，红色基因传承的历史价值在龙华精神中得到有力的体现。

一、坚定信念、坚守理想

理想信念是一个国家、民族和政党团结奋斗的精神旗帜，对马克思主义的信仰，对社会主义和共产主义的坚定信念，是共产党人的"精神之钙"。

近代以来，中华民族遭受外族侵略，面对沉重的民族危机，龙华烈士毅然肩负起挽救民族危亡的重任，展现出中国人民为争取民族独立前赴后继的坚定理想信念。在龙华烈士陵园中重点展陈的自辛亥革命以来的 256 位英烈中，有超过 7 成的烈士牺牲于中华人民共和国成立之前。他们正是怀着对真理的信仰，对理想的执著，才能够面对各种艰难困苦，依然斗志昂扬、迎难而上；才能够面对敌人诱惑利用，依然矢志不渝、坚贞不移；才能够面对凶手刑罚屠刀，依然大义凛然、威武不屈，用生命践行了对国家、对民族、对信仰的无限忠诚，用自己的鲜血染红了这片沃土，树牢了信念之旗。

中国共产党成立后，领导中国人民进行了艰苦卓绝的斗争，实现了民族独立和人民解放，诞生了以伟大建党精神、井冈山精神、长征精神、延安精神、西柏坡精神等为代表的革命精神。这些精神展现出中国共产党人对马克思主义、社会主义和共产主义理想信念的坚持与追求。"坚定信念、坚守理想"精神作为中国共产党革命精神的重要组成部分，正是在中国共产党领导中国人民进行的革命、建设和改革的伟大实践的基础上产生，并最终形成具有历史时代背景的革命精神。

二、不怕牺牲、青春无悔

在中国共产党的领导下，一批又一批的年轻人投身中国革命，投身民族解放和人民独立的伟大事业当中，在中华民族前途命运面临严重危机的历史紧要关头，积极投身新民主主义革命的伟大实践，与工农群众一道推动中国革命的发展，成为争取民族独立和人民解放的急先锋。

1921年中国共产党建立，参加中共一大的代表平均年龄只有28岁，表明中国青年已经肩负起为民族独立和人民解放的历史重任，成为中国革命和社会变革的生力军。据统计，龙华烈士纪念馆重点展陈的256位烈士中，年龄最小的梁星玉仅有13岁，21岁至40岁年龄段的有188位，40岁以下人数占到总人数的81%。被称为无产阶级革命先锋的"商务七烈士"都是普通工人，他们中年龄最大的徐文思也只有26岁，最小的俞茂宏仅17岁；"龙华二十四烈士"中，年龄最小的欧阳立安也只有17岁；工人运动领袖顾正红为维护工人阶级的权益与资本家和帝国主义势力展开激烈斗争，牺牲时年仅20岁。他们用自己短暂的一生书写了对国家、对人民、对信仰的无悔人生。

精神的力量是无穷的，蕴含着创造历史的磅礴势能。青年是整个社会力量中最积极、最有生气的力量，国家的希望在青年，民族的未来在青年。"不怕牺牲、青春无悔"精神的挖掘和利用，有助于传承红色基因，树立当代青年正确的世界观、人生观、价值观，坚定共产主义理想信念，抵御腐朽和错误思想的侵蚀，在实现中国

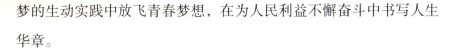

梦的生动实践中放飞青春梦想，在为人民利益不懈奋斗中书写人生华章。

三、敢于担当、创新有为

中国共产党一成立就发挥出"敢为天下先"精神和勇气，开辟出一条适合中国国情的革命道路，最终实现了中华民族的独立和人民解放。

龙华烈士是中国共产党员的优秀楷模，在民族危机最为严重的时刻，毅然肩负起历史使命，继承和发扬了中华民族和中国共产党勇于担当、开拓创新的精神品格。杨贤江等人积极研究马克思主义，宣传无产阶级革命思想与理论，为中国革命的发展提供了思想基础；顾正红、赵世炎、陈延年积极投身工人运动，使中国最具革命性的阶级焕发出无穷的生机与活力，成为中国革命的领导力量；中国左翼作家联盟五烈士，是敢于逆流而上、勇于创造历史的优秀代表，其中，蒋光慈、朱镜我等左翼作家，用革命的文学唤醒国人的民族意识和革命热情，开辟了无产阶级革命文学的战场。

中华人民共和国成立以来，中国共产党领导中国人民开辟出中国特色社会主义道路，使中华民族踏上了伟大复兴的征程。开拓创新、勇于担当的精神已经深深融入中国共产党的血液之中。龙华烈士群体横跨多个历史时期，有新民主主义革命时期牺牲的革命者，有在社会主义建设时期奋斗的建设者，更有走在改革开放前沿的开拓者。"敢于担当、创新有为"精神集中体现了我国革命、建设和改革多个时期的时代精神和价值理念。传承这一精神，直观体现了中国共产党领导中国人民实现民族独立、人民解放的伟大奋斗，也必将在实现中华民族伟大复兴的奋斗历程中得到充分彰显。

相关链接——枫林桥监狱

枫林桥监狱是以蒋介石为首的国民党右翼集团在北伐战争胜利抵达上海不久，背信弃义地制造了四一二政变之时，为镇压共产党人，屠杀一切正义进步人士而设立的监狱。枫林桥监狱存在短短一年。1928年5、6月，在罗亦农、陈乔年、郑覆他、许白昊牺牲后，枫林桥监狱功能被龙华监狱（看守所）替代。由于枫林桥监狱和龙华监狱在地域上相距不太远，而且事实上还有前后存续关系，因此在一些历史见证人的观念上，也都将两者同称。

枫林桥监狱有两部分。主要建筑部分在交涉使公署；另一部分是在枫林路西侧军队征用的某私人别墅院内。两部分建筑都为砖木平屋，较为简陋。设在交涉使公署内的牢房为一排4间，与平江路

枫林桥监狱

平行。外筑灰白高墙，牢房面对大门和大门口的卫兵用房中间是个不太大的院子，有时当局利用叛徒躲在卫兵用房中，让被捕者在院内缓缓转圈走动，以让叛徒指认。牢房4间并不封闭，关于牢房内的陈设，在殷夫第一次被捕写下的诗《在死神未到之前》中有描述："这长方的囚室，排着板炕两行。"被捕者在里面可以相互走动，唯出入门是终日紧锁，门口设一大缸，盛一定数量的水，供被捕者从木栅栏门内伸手舀水饮用或洗刷之用。看守极严，除卫兵外还有荷枪实弹的兵士24小时巡逻。狱政管理者是由江苏第二监狱（即漕河泾监狱）的典狱长吴某兼任。设在私人别墅内的牢房为一大间，位于该院北侧近肇嘉浜，形制与东部相类。1927年7月2日，中共中央第五届中央委员、中共江苏省委代理书记赵世炎被捕，先押租界捕房和临时法院。2天后一个傍晚，被引渡移解至枫林桥，就关在这里直到殉难。在全市遍布的拘留所或看守所中，枫林桥监狱起着主导和风标的作用。许多重要案件，最后都集中在这里"审核"、"讯办"，甚至还垄断租界的"引渡"权。

枫林桥监狱审讯程序草率，甚至缺失。体罚严酷，量刑从严从快，杀戮手段极端残忍。从某种意义上而言，枫林桥监狱就是以酷刑而出名的。枫林桥监狱的审讯室本质上是刑讯室，设在西部监区的院内。据许多知情者和幸存者言，初次审讯，不问青红皂白，先过一顿皮鞭，如果闭口不谈，那么再加刑。所以在1927年6月26日因中共江苏省委机关被破坏，与省委书记陈延年等一起被捕的省委组织部长郭伯和生前从保护干部的角度，曾暗暗嘱托后进的被捕者，既然进来就得说一点，以蒙混过关，闭口不谈是不行的。谁该说什么，不该说什么，当然有个原则，不能伤害同志，更不能危及组织。关于刑罚类型，主要包括"板蹭吊"、"倒悬刑"、"毛竹签刑"、"夹棍刑"、"抽皮条"、"十子莲刑"、"跪红链"、"铁销子"等。在审讯时交替使用，绝无人性。正如当年中共中央机关刊物《布尔塞维克》所揭露的，"龙华没有'科学的刑具'，没有'九尾猫'，只有亚洲式的极野蛮残暴的刑法"，既摧残肉体，也伤害神经。有的人即使免于死难，也造成终身残废。

这里特别要一提的是枫林桥监狱在执行死刑时一些令人发指的卑鄙行径。执行死刑一般分公开的和秘密的两种方式。公开的大致在上午 10 时和下午傍晚，甚至可以让中外记者拍照拍电影，秘密的则在深夜 10 时之后或黎明。刑场设在监狱附近的草地上，或在离监狱数百米斜土路附近的荒地坟场。具体执行手段有枪毙、砍头、腰斩及乱枪乱刀相结合致死。赵世炎身份暴露后即被大刀砍杀；中共沪西区部委书记佘立亚（王炎夏）因行刑时十分刚烈，旋遭腰斩；中共中央机关内部交通主任张宝泉掌握党的许多核心机密和高层领导住址，熊式辉点名引渡。这位意志异常刚强的共产党员从被捕之时起，抱着必死的决心一言不发。酷刑使他双腿腿骨折断，全身血肉模糊，最后乱枪乱刀残害致死，真是惨绝人寰。许多被秘密杀害的著名共产党人的遗骸至今尚未发现，如中共江苏省委书记陈延年、省委组织部长陈乔年、党团书记许白昊、上海总工会组织主任张佐臣、上海总工会委员长郑覆他等等。据当时上海总工会和上海济难会不完全统计，自"四一二"至"七一五"（汪精卫叛变），上海就有近 500 人被杀，1500 人遭被捕或判有期徒刑，而其中绝大多数是在枫林桥监狱执行的。另据中共第五届中央委员、中央临时政治局常委、组织局主任罗亦农被捕后，在枫林桥监狱留下《大江遗书》

中披露，罗亦农在1928年4月15日在戈登路中央组织局秘密机关被其秘书出卖而被捕。18日，在引渡文件尚未完备的情况下，即被引渡至淞沪警备司令部军法处。此时枫林桥监狱的隶属关系已从卫戍司令部变为警备司令部。罗亦农在该处关押了四天。

枫林桥监狱存在短短一年，主事者虽更迭多次，最终成为淞沪警备司令部军法处看守所之一。1928年5、6月，在罗亦农、陈乔年、郑覆他、许白昊牺牲后，枫林桥监狱的社会信息渐渐式微。其后功能显然被该部龙华监狱（看守所）替代。由于枫林桥监狱的属性和功能一直未改，且在地域上两者也相距不太远，而且事实上还有前后存续关系，因此人们很容易将两者混淆为同地同物。这在一些历史见证人观念上，也都如此同称的。如吴玉章有悼念赵世炎诗五首，其中一首是："龙华授首见丹心，浩气如虹铄古今，千树桃花凝赤血，工人万代仰施英。"施英即赵世炎。吴老在文章中明明写到赵世炎是被"反革命推倒枫林桥畔杀害"（吴玉章《忆赵世炎烈士》，载《人民日报》1962年7月19日），却在诗中说"龙华授首"，就是两者同称的关系。虽然并无大错，但是，我们在研究历史和考察监狱史时，必须予以区别。

第十三章　政治本色永不变

——"南京路上好八连"事迹展览馆

　　"南京路上好八连"事迹展览馆位于上海市宝山区大场镇沪太路 3100 号，建于 1963 年 4 月 25 日。展馆占地面积 1200 余平方米，其中展区面积 900 多平方米。先后进行过 4 次较大整修，主要以照片、实物和多媒体的方式，生动翔实地反映"好八连"在上海各个时期的事迹和经验。

　　展览馆以毛泽东同志所作的《八连颂》为灵魂和主线，将现代

"南京路上好八连"事迹展览馆

化多媒体设施与历史实物结合，展出连队从成立到命名再到转型的先进事迹和经验，呈现"霓虹哨兵"转型为"霹雳尖兵"的风采历程。展览馆由"四馆一室"组成。"四馆"主题分别为"党和国家领导人的关怀"、"霓虹灯下的哨兵"、"艰苦奋斗的传人"和"人民群众的厚爱"；"一室"即为放映室，通过多媒体方式再现当年好八连感人的生动场面。除展区外，馆内还设有可供观众进行入党（团）宣誓、举行成人仪式等集体活动和播放专题片的放映厅，以及方便青少年与好八连官兵进行交流的座谈室。

"南京路上好八连"已成为上海市的一张名片，其艰苦奋斗的优良传统是全军和全国人民学习的典范。展览馆于 1994 年、2003 年分别被命名为上海市青少年教育基地和上海市爱国主义教育基地，2001 年被中宣部命名为"全国爱国主义教育示范基地"。建馆以来，展览馆已接待来自全国各地的观众上百万人次，成为青少年和社会各界进行革命传统教育的重要场所，被网友称为"上海博物馆的打卡地"之一。

名声渐传

追溯起来，"南京路上好八连"原是一个极为普通的连队。1947年8月6日，在山东莱阳城西水头沟小园村，华东军区特务团把几十个胶东农民子弟编在一起，组成了该团的四大队辎重连。

1949年6月，被改编为三营八连的这支队伍从丹阳乘坐运货的平板车，向上海进发，担负政治机关警卫和南京路的执勤巡逻任务。这一阶段，中国的社会情况十分复杂，而上海更是不少人眼中灯红酒绿的花花世界。车站月台成了战士们在上海度过的第一个晚上。连队的第一任指导员张成志带着大家唱《三大纪律八项注意》歌，一遍遍背诵野战军颁发的《入城三大公约十项守则》，又给每个人发了一张纸，默写公约和守则上的内容，答对了的画个加号，答错了的画个减号，直到全连都背得滚瓜烂熟。露宿在月台上的几天里，战士们严格禁止外出。当时，身为八连通信员的刘仁福偷偷爬上火车车厢顶部，悄悄地向战友形容了他看到的一番景象：一辆辆箱子似的车上都翘着一根黑色的长辫子，在街上往来穿梭。三天后，连队才大步进城。第一晚宿营在"大世界"跑马厅后面的一排马厩里，随后又搬到苏州河畔一个废旧仓库。全连战士把被子半铺半盖，睡在地上。

1949年7月，部队分配了在南京路上值勤的任务，进驻青海路刘家公馆，才算有了固定的住所。刘家公馆里面的一切对于战士们都是新鲜而陌生的。战士们不会用自来水，不敢开电灯，守着抽

《解放日报》报道"好八连"事迹

水马桶不会用，还要到外面找厕所……八连针对这一情况，专门组织大家学习城市生活知识。走上十里洋场站岗巡逻，更是对八连战士的考验。白天，打扮妖冶的女人时不时向站岗的战士抛几个媚眼；入夜，歌厅舞厅的靡靡之音直钻耳鼓。甚至还有人不怀好意地在战士身边扔下钱、香烟和手帕等东西，偷眼看战士是不是会捡起来……八连战士则不为所动，断然斥退身边的无理纠缠，踢开坏人扔下来的金钱和物品。对捡到的东西，找到失主的立即归还，找不到失主的就立即上交。值勤不几天，连队捡到的手绢等小东西就有一百多件。

1956年的一天，《解放日报》部队通讯员吕兴臣给记者张锦堂送来一张自拍的新闻照片：灯红酒绿、歌舞升平的南京路夜景中，一位战士手握钢枪正在站岗，神情威严。不日，照片以《南京路上的哨兵》为题在《解放日报》上刊登。从这张照片开始，八连的名声越传越远。随后，吕兴臣前后花了个把月的时间，写出了一篇通讯送到了《解放日报》社。当时的总编魏克明看到稿子后眼前一亮。想起解放军刚刚进入上海时，敌人曾预言上海是个大染缸，军队红着进来，要不了三个月就会黑着出去。现在好几年过去了，八连依然保持着本色不变。魏克明当即决定刊发。随后，《解放日报》以《身居闹市一尘不染，人们称赞他们"南京路上好八连"》为题，率先报道了好八连的事迹。1958年3月，《解放军报》以同样的标题转载了报道。此后，《解放军报》陆续刊登出《针线包》《行军锅》《一分钱的故事》《38个补丁的衬衣》等一系列讲述八连官兵优良作风的小故事。1959年7月，《解放日报》头版头条以8500字的篇幅发表了长篇通讯——《南京路上好八连》，还同时配发了社论。通讯从拾金不昧、精打细算、克己奉公、宽广的精神世界以及通过一个战士的思想转变反映连队思想政治工作这五个部分，向全上海展示

电影《霓虹灯下的哨兵》介绍

了八连的风采。这篇通讯一发表，马上在上海新闻界引起反响，接着，上海的《文汇报》《新民晚报》《劳动报》、上海人民广播电台都纷纷从不同角度争相报道八连，使"南京路上好八连"在上海家喻户晓。

1960 年 5 月，南京军区司令员许世友带领机关干部下海岛连队后返回南京。途经上海时，上海警备区司令员王必成请大家吃便饭。席间，王司令员对军区文化部长沈西蒙说："你知道吗？上海有个好八连。你是文化部长，写了不少戏，也要为好八连写个戏啊。"受到王必成的热情邀请，沈西蒙二话不说，就接下了这个任务。话剧《霓虹灯下的哨兵》剧本写好，戏也排好了，但却差点没演成。因为戏里有个情节讲战士离队出走，引起一些不同看法。1963 年 2 月，周恩来总理来到上海，听到后说："戏已经写出来了，还是让演一演、看一看嘛。"总理回到北京的第二天，就让人打来电话，以总政的名义调演《霓虹灯下的哨兵》。2 月 22 日、23 日，《霓虹灯下的哨兵》在总政话剧团剧院连演两场，引起很大轰动。随后，话剧《霓虹灯下的哨兵》演出的原班人马，在八连实地拍摄同名电影，把话剧搬上了银幕。上海人心目中的"好八连"，成了全国皆知的"霓虹灯下的哨兵"，国防部在上海隆重举行命名大会，授予八连"南京路上好八连"光荣称号。

八连事迹

　　铁打的营盘，流水的兵。年复一年，半个多世纪过去了，八连的传统始终没有改变过。时至今日，走进"好八连"的军营，依然可以感受到"天下传"的"好八连"力量。这些力量都有哪些呢？

为人民，几十年

　　虽然 1992 年八连已经完成了和武警的南京路站岗换防，但是一条南京路几十年来静静地注视着八连战士。好八连几十年来始终坚持每月 10 日、20 日都到南京路上为老百姓义务补鞋、理发、磨刀、量血压、称体重……20 世纪中叶，当得知正上小学五年级的胡红根因患小儿麻痹而双腿残疾无法自己行走时，八连战士就开始对胡红

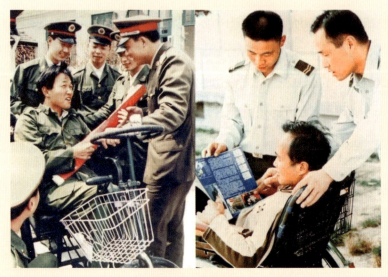

"八连"战士与胡红根

根的照顾。40 多年里，八连战士每周都要为胡红根洗一次澡、定期为他理发、整理卫生。听起来这些都是简单的事情，但实际中的困难却远远不止于此。胡红根洗澡，得要三个人协力才能完成，一个人背着，一个人负责洗头擦背打肥皂，最后一个手拿毛巾在旁边小心照看，防止肥皂沫冲不干净，或是冲进了胡红根嘴里、眼里，提防浴室湿滑万一有个闪失……八连刚刚开始照顾胡红根的时候，年仅十几岁的红根叫八连战士为叔叔，而现在他也成了八连战士心中挂牵的"胡叔叔"。几十年，就这样从不间断地过来了。

同样几十年如一日的还有到南京路上的便民服务。在南京路步行街，每到服务日，八连官兵为民服务从不缺席。战士手中补鞋机的嗒嗒声，磨刀石的唰唰声，理发推的嚓嚓声，群众的啧啧赞叹声，合奏出一曲曲军民鱼水情的动人乐章。在每次服务日，八连战士一走上南京路，市民就自然排开队伍。有时南京路上的商场要开门营业，服务

"八连"战士为百姓理发

时间快结束了，市民依然没有减少的趋势。八连战士便挪到不远处的居委会院里，继续为市民理发、修鞋。最后，还把修不完的鞋子放进一个展开的大袋子带回去做，再约好下一个服务日过来取。曾有一名来自法国的游客，足足等了一个小时，执意让八连战士为他理了个短发。望着镜子里面的新面貌，他兴奋地用结结巴巴的汉语说："这是中国士兵剪出来的，美！"现在，八连的木工箱、补鞋箱、理发箱已传到三十多代，并且八连官兵还把南京路上的为民服务活动拓展到上海的施工场地、企业厂房，为外来的打工人和弱势群体服务。

一次，八连一名战士郑洪辉在外劳动忙了一天回来，发现工地旁边的菜场和街道还有一些卫生死角，就向附近的清洁工人借扫把把卫生打扫干净。清洁工人对他说："不用猜，你准是'好八连'的战士。""为人民"在上海人的心目里，就是八连几十年如一日的代名词。

纪律好，如坚壁

在八连，战士们时时刻刻把"纪律是部队的生命线"记在心里。在八连连部，每一块叠得方方正正、如同刀削的被子，每一排方向一致、线条一致的脸盆、缸子、毛巾，每一件擦得锃亮的武器装备，都在无声地体现着这支英雄连队铁一般的纪律。1949年解放上海，5月的清晨，隆隆的炮声逐渐远去，当早起上海人推开房门，惊讶地看到，在薄雾之中狭窄的街道两旁一个挨一个睡满了前一夜入城的官兵。陈毅元帅曾经自豪地讲，这是第三野战军带给上海人民的最好礼物。

后来，同样的一幕，也一次次地出现在人们面前。每次参加重大工程建设，因为担心劳动了一天的脏衣服会弄脏宾馆的环境，深夜收工回来的队伍会打扰其他客人的休息，八连战士总是尽量不住安排的宾馆，而是选择搭帐篷、打地铺。1992年南京路改造，八连主动请缨到施工一线参加义务劳动。那时，正值梅雨季节，官兵冒雨奋战。因为营区离工地较远，施工单位在旅社为官兵包了几间客房。但八连官兵谁也不愿进去住，一个个抱着工具在房檐下相互依偎着睡下。工地边卸下来的一堆槽钢码在一个露天粪池上面。一下雨，下面的粪水冒上来沾得槽钢上处处都是。战士一个接一个扛，身上沾得星星点点，谁也不说一个不字，手上更是一点没停。一天忙下来，旅社经理几次要他们进屋里休息，可战士们谁也不肯进去，抱着铁锹，挨着墙根就睡着了。在场的黄浦区一位领导动情地说："上海解放时，我还是一个小姑娘，亲眼见过解放军为了不打扰市民，露宿街头。想不到现在我又看见了当年的情景。"协大祥副经理张相民半夜查看工地时，看到这一幕眼泪夺眶而出，对着当时的指导员李晓明喊："指导员，你下命令吧，我这个老百姓求你一次，快让大家进屋休息吧！"说话声惊动了附近的居民，他们纷纷打着手电走出来，冒着雨把战士往自家屋里拉⋯⋯

有人说，这样苦着自己，有必要吗？而八连战士说，从个人的角度，不扰民，是解放军应有的素质。从集体的角度，这是连队的纪律，一定要遵守。

军事好，如霹雳

"好八连"靠艰苦奋斗起家，先后荣立集体一等功、二等功、三等功近40次。八连连队曾位处市中心，寸土寸金，整个训练场只有篮球场那么大。"三亩地内两幢房，愁的就是训练场"。可是八连有办法：射击训练展不开，连里几次测量、设计，按比例缩小靶子练瞄准；没有400米障碍训练场，就分段设障来训练；5公里武装越野无法进行，就搞越野折返跑……在连队里实在无法开展的项目，就到野外驻训。驻训时，他们有车不坐，坚持徒步行军几十里。不懈的付出也获得了回报。八连军事训练中设计的轻武器射击"四点"瞄准检查装置、95式自动步枪固定枪瞄准器和固定枪瞄准架、瞄靶轨迹分析仪等3项军事训练成果得到上级推广应用；在14次军事比武中共夺得35项第一；32名官兵被评为"一级神枪手"，8名干部士官被评为"优秀四会教练员"；先后有6人打破警备区军事训练纪录；87人被评为训练标兵；驻在城中心的官兵，连年被警备区评为"军事训练一级单位"。

但是，军队体制编制调整后，八连从步兵分队转成特战分队，第一次参加旅摸底考核，成绩就不如人意。有的官兵提出"政治本色争第一，军事训练不打紧"的观点，引起了党支部的高度重视。千条万条，能打胜仗是第一条。厚重的传统是优势，但是如果不随着时代发展去赋予新的内涵，有时反而会成为建设发展的"负担"。为了凝聚练兵共识，八连党支部在深挖连队传统上下功夫，提出了"以打赢为最高追求，用胜利为人民服务""一尘不染霓虹哨兵，能

"好八连"官兵在宣誓

打胜仗霹雳尖兵"等口号，全新诠释传统内涵，凝聚练兵共识。

连队将军事训练成绩作为评选"三箱"传家宝传人的硬杠杠，极大激发了官兵的训练热情。年底，八连因特战转型成绩突出，荣立集体二等功，"军事好，如霹雳"传统再展新辉煌。

思想好，能分析

20 世纪 60 年代初，出自八连"闪光的一分钱"的故事，被广为传颂，家喻户晓。现在，当记者初到"好八连"驻地时，所见所闻令人疑惑：连队里洗衣机、烘干机、电熨斗一应俱全，大屏幕平板电视、家庭影院、现代化的多功能健身房、拥有近 50 台计算机的电脑教室，每间宿舍都配有电视、战士们的食堂安装着空调……这还是以勤俭节约持家，"一件衣服穿九年，新三年，旧三年，缝缝补补又三年"的"好八连"吗？再仔细观察连部，一个个发现则让人备感安心：食堂的墙壁上，"谁知盘中餐、粒粒皆辛苦"的警句被悬挂在醒目位置；IC 卡电话亭边，"长话短说，请珍惜分分秒秒"的提示语历历在目；电脑打印机旁，贴着"每人节约一张纸，希望小学的学生就多个练习本"的字条；洗漱间里，"水是生命之源"的字样就在水龙头上方……节约一滴水、一分钱、一度电、一粒米、一寸布，在八连被凝聚成一种岁月所不能磨损的精神，仍然流淌在战士的血脉里。为了节约一粒米，炊事班每天淘米时，都在米箩下放个大盆，将漏下的碎米捞出来。为了节约一滴水，炊事班用淘米水洗一遍菜，再用清水冲一次。早上蒸馒头的水从不倒掉，留着洗碗。为了节约一两煤，他们发明了"五个一"——一个小铁桶，能少装点就少装点；一杆小秤，每天烧多少都称一称；一把小锹，一点一点向灶膛里把煤撒得更均匀些；一个小筛，从煤渣里把没烧完的黑渣子拣出来；一个小登记本，天天登记烧了多少。连队外出野营，炊事员天天拣柴，十几天没烧一两煤。

创新才是最好的继承。"取消过时的、改进欠妥的、保留适用的"一直是八连几十年来不变的原则。一年夏天，当八连奉命开赴海训场训练时，每个战士都接到了连队发下来的一瓶防晒霜。就是这样小小的一瓶防晒霜，曾经引发了全连持续一个半月的大讨论。主题则是"如何正确对待连队传统"。2000年5月，有老战士来向指导员报告：有战士在训练前抹防晒霜！"八连练兵从来都是'掉皮掉肉不掉队'，如今居然用护肤品，这岂不是要把艰苦奋斗的本色给抹掉了？"这个老战士质问道，"这种思想长毛的表现，得好好管管！"当时的八连指导员公举东马上想到，会有战士提出这样的问题，并不是偶然的。当时间进入到21世纪，一些八连人曾经引以为豪的老传统和时代之间摩擦出了并不和谐的音符。想评上先进，津贴费存款不少于80%，是八连执行多年的硬规定。为此，许多战士平时几乎不敢用钱，甚至有四位战士让家里寄钱来存入"小银行"。有个战士外出执行公务，半路上饿了，到麦当劳吃了个汉堡，回到连队受到了几个老同志的批评，战士觉得很委屈。防晒霜成了引发全连讨论的导火索。在指导员的组织下，全连官兵坐下来，把工作生活中的困惑一个个地列出来，27个问题写满了大大的一张白纸。逐一讨论之下，战士们取得了共识："小银行"该不该存在？提倡勤俭节约，是应该的，但是要摆脱形式主义，可以自由取款。存款多少与评先进彻底脱钩。饭前、睡前搞小练兵，曾是八连引以为豪的练兵法，要不要坚持？这种训练办法不科学，取消。外出办事赶时间，能否打车、坐空调车？坐空调车允许，但不提倡。没有特殊急事，

"好八连" 的木工箱、补鞋箱、理发箱 "三箱" 传家宝

就不许打车。到南京路补鞋与刺激消费有矛盾吗？不矛盾！补鞋服务至今受人欢迎，说明它仍有价值。脚肿，该不该坚持训练？精神可嘉，但不科学。不该！经过梳理、讨论，指导员公举东道出八连官兵的共识：艰苦奋斗精神应该永远具有催人奋进的力量，而不是像 "供品" 一般被人瞻仰。

艰苦奋斗不是为吃苦而吃苦，而是一个为过上好日子不断吃苦奋斗的过程。一个个变化像小小的防晒霜一样，走入了八连官兵的生活。连队曾因草鞋、自糊信封、针线包 "三件宝" 享誉全国。如今，草鞋、自糊信封早被请进连史室，取而代之的是装有各类文具的学习包和用来大量存储资料的电脑 U 盘等 "新宝"。过去的节约每分钱、每粒米、每滴水、每张纸和每度电这 "五个一"，发展成了 "五个一点"：日常消费花一点、文化学习用一点、孝敬父母寄一点、希望工程捐一点以及自己备用存一点。

一面旗帜

"'南京路上好八连'可是我军的一面旗帜啊！"2013年3月11日，习主席在出席十二届全国人大一次会议解放军代表团全体会议后，接见"好八连"的时任指导员闫永祥，勉励全连同志要不断弘扬"南京路上好八连"精神，继承和发扬我军优良传统，永葆人民军队的本色。

1949年5月27日上海解放，八连随之进驻上海南京路，担负警卫和巡逻任务。进驻繁华都市后，他们艰苦奋斗，拒腐蚀永不沾的优良传统和全心全意为人民服务的宗旨始终不变，传家宝"三箱一包"（理发箱、补鞋箱、木工箱及针线包）始终不丢，闪光的"五个一"（节约一滴水、一分钱、一度电、一粒米、一寸布）始终坚持。全连干部战士身居闹市一尘不染，勤俭节约、团结群众，自觉抵制资产阶级思想及其生活方式的侵蚀，全心全意为人民服务，始终坚持人民军队艰苦奋斗的政治本色和优良传统，出色地完成了警卫任务。毛泽东赋诗《八连颂》予以赞扬。周恩来题词并接见了该连的代表，朱德、陈云、邓小平、陈毅等同时为八连题词。1991年，在国防部为南京路上好八连命名28周年前夕，江泽民等党和国家领导人为好八连题词，邓小平为《南京路上好八连》一书题写书名，号召全军学习第八连优良传统和作风，推进现代化、正规化革命军队建设。八连先后被表彰为全国学雷锋志愿服务先进集体、拥政爱民模范单位、军民共建社会主义精神文明先进单位、全军基层建设先进单位，荣立集体一等功、二等功多次，连队党支部被评为全国创先争优先进基层党组织。

步入新时代，好八连的同志们铭记习主席指示，不忘初心、保持本色、聚力转型。2017 年，在"南京路上好八连"命名 54 周年之际，连队由摩托化步兵分队向特种作战分队转型。八连官兵深入偏远海岛、山地丘陵和南国丛林等陌生地域，在复杂环境中苦练特战本领。"瞄着第一练、盯着弱项补、看齐尖子追"，借鉴国内外精锐特种部队训练模式，蹚开"精英式选拔、集训式强化、外培式提升、融合式培养"的人才培养路子，一批专业精通的骨干脱颖而出。八连官兵在全旅率先实现百分之百取得特战等级，百分之百完成伞降实跳，百分之百完成万米泅渡。不到一年，连队就完成了从"霓虹哨兵"到"特战尖兵"的转变，被集团军表彰为基层建设标兵连队，成为守卫上海人民安全和维护社会稳定的坚强柱石。

从血雨腥风的革命年代、硝烟弥漫的战争时期，到激情燃烧的建设岁月、波澜壮阔的改革年代，八连官兵一如既往传承勤俭节约的光荣传统，弘扬艰苦奋斗的优良作风，坚守为民爱民的人民情怀，生动诠释了"人民子弟兵"这一荣誉称号的深刻内涵。"南京路上好八连"因此被誉为我党我军一面永不褪色的光辉旗帜。50 多年来，"好八连"精神教育鼓舞了亿万群众，影响了一个时代的社会风尚，成为推动国家和军队现代化建设的强大精神力量。历史证明，"好八连"不愧是一个经得起实践检验和不同历史条件考验的先进典型，不愧是弘扬我党我军艰苦奋斗优良传统、保持人民军队政治本色的一面光辉旗帜。

八连精神

时代在变，环境在变，生活条件在变，但一些精神在好八连从未改变。自命名以来，"好八连"始终坚守"政治好、称第一"的根本要求，始终牢记"军事好、如霹雳"的使命责任，始终保持"拒腐蚀、永不沾"的优良作风，始终秉持"为人民、几十年"的高尚情怀，推动了连队建设全面发展、全面过硬，成为全军基层连队建设的典范。在全面深化改革开放、加快推进中华民族伟大复兴的新时代中，我们必须大力弘扬优良传统，始终不渝地发扬"好八连"的宝贵精神，并提高到关系党和军队存亡成败的政治高度来践行。这对于加强思想政治工作，增强民族凝聚力和部队战斗力，实现强国梦、强军梦，具有重要意义。

一、一尘不染，"听党话、跟党走"

"好八连"的旗帜为什么能够鲜艳如初？说到底，是连队严格遵循了我军基层建设的特点规律，坚持走按纲建连、科学发展、持续进步的正确道路，把党的理论作为基层建设的根本指导。连队抓住了用党的创新理论建连育人这个核心，就抓住了基层建设的魂和纲，就会铸牢当代革命军人核心价值观这个精神支柱，基层建设发展就有了可靠的思想政治保证。今天的大上海，不仅霓虹灯更加璀璨，智能手机打开网络大门让各类思潮涌入军营，军改后编制调整岗位变换直接牵涉官兵利益……时代变了，考验的形式变了，但"考试"仍在继续。"信念源于认同，自觉才能坚守"。连队指导员王鸿绪认

"八连"战士在中共一大会址接受党性教育

为：先辈们能够坚决听党话、拒腐蚀、永不沾，根本在于思想上一尘不染，靠的是"煤油灯下学毛选"的政治自觉。这启示着我们，回答好新时代答卷，必须用习近平强军思想凝聚军心，让党的指示成为官兵的自觉行动，确保党对军队绝对领导直达末端、永不动摇，这是连队思想政治建设的首要任务和根本要求。实践是最好的教科书，他们利用上海优势资源，组织官兵进中共一大会址重温入党誓词，走进驻地看中国第一高楼诠释的"中国奇迹"，看国产大飞机核心技术创新不断攀升，在发展成绩面前坚定对理论的信念。传统是效果的倍增器。连队几十年如一日，早晚集合点名背诵《八连颂》，通过到南京路上为民服务，现地开展"忆传统、当传人"活动，让官兵体悟"荣誉从何来，靠什么"，用厚重的历史强化认同。

二、坚守本色，"拒腐蚀，永不沾"

"好八连"的故事，何以如此深入人心、催人奋进？这是因为其对"本色"的感悟和诠释、继承和弘扬。"好八连"最大的特色、价值和魅力，就是无论时间怎么变，保持"本色"的传统没有变；无论任务怎么变，保持为民的"初心"没有变。在"好八连"看来，"本色"就是传统和初心，不能丢，也丢不得。丢了"本色"，就意味着丢了党性、初心和民心，失去了向心力、凝聚力和战斗力。"好八连"是这样想的，更是这样做的。面对敌对势力的拉拢、十里洋场的诱惑，八连战士身居闹市，一尘不染，没有被"香风毒雾"所侵蚀。鲜艳的队旗，成为一面指引官兵前进的精神旗帜；一枚枚军功章，成为感召官兵迈入新时代、奋进新征程的永恒动力。2017年，八连换装转型成为一支新型特种作战力量，不到一年就完成了从

"八连"战士进行军事战术训练

"霓虹哨兵"到"特战尖兵"的转变，并出色完成进博会安保等任务……每一次连队的转型，都书写着"好八连"的绚丽风采；每一场活动的展开，都彰显着"好八连"的不变本色。"南京路上好八连"启示着我们，不要忘记自己是革命者，不要丧失了革命精神。只有自觉坚持优良传统不变、"本色"不丢，才能既准确把握时代要求又顺应人民愿望，既遵循历史发展规律又充分发挥主体能动性，带领人民攻坚克难、创造历史伟业，并接受人民的检阅。

三、艰苦奋斗，"为人民、几十年"

"为人民，几十年"始终是"好八连"官兵践行人民军队根本宗旨的生动写照。"好八连"之所以能够当好新时期"霓虹灯下的哨兵"，一个重要方面，就是始终做到艰苦奋斗。在霓虹闪烁的南京路上，在繁华的闹市中央，他们抵制着种种诱惑，始终坚持着理想和信念，始终发扬艰苦奋斗的优良作风，逐渐形成了"节约五个一""四个自己动手"等优良传统。艰苦奋斗对他们来说，早已不仅仅意味着光荣传统，更是昂扬的时代精神。"南京路上好八连"是千千万万人民子弟兵的缩影。他们身上闪烁的集体主义、艰苦奋斗的优良传统、人民至上的大爱情怀，是铸就中华民族精神家园的坚实基座，是激励后来者不断奋勇前行的不朽灯塔。如今，战火纷飞的岁月已经远去，但艰苦奋斗仍然是时代对我们的要求，为人民服务依然是我们的根本价值追求。随着时代的发展，艰苦奋斗的内涵不可能一成不变。艰苦奋斗的精髓在于奋斗、在于拼搏，而非仅指吃苦受累。这种精神不仅不能丢，而且越是发展社会主义市场经济，越是生活条件改善，越要大力弘扬。惟有艰苦奋斗，国家富强、民族振兴、人民幸福的中国梦，才能越来越近。不断弘扬艰苦奋斗优

"南京路上好八连" 命名 54 周年仪式

良传统，才能进一步助推强军梦。对官兵个人而言，艰苦奋斗作为一种价值取向，能够引导其树立正确的荣辱观；作为一种精神状态，能够砥砺革命意志、陶冶高尚情操；作为一种生活方式，能够抗住诱惑、抵制侵蚀；作为一种政治本色，能够从容应对种种考验和挑战，始终保持坚定的政治追求、昂扬的精神状态和顽强的战斗作风，有助于在军营建功立业，更好地实现人生价值。

相关链接——《杂言诗·八连颂》

　　好八连，天下传。为什么？意志坚。为人民，几十年。拒腐蚀，永不沾。因此叫，好八连。解放军，要学习。全军民，要自立。不怕压，不怕迫。不怕刀，不怕戟。不怕鬼，不怕魅。不怕帝，不怕贼。奇儿女，如松柏。上参天，傲霜雪。纪律好，如坚壁。军事好，如霹雳。政治好，称第一。思想好，能分析。分析好，大有益。益在哪？团结力。军民团结如一人，试看天下谁能敌。

　　1963年4月25日，国防部授予八连"南京路上好八连"的光荣称号，接着，各大报纸发表了介绍"好八连"的事迹和经验的文章。毛泽东于这年的八一建军节作此诗对该连加以褒奖颂扬。这首诗从八连写到全军，再写到全国，高度赞扬了60年代初全党全国人民在党中央的领导下团结一致、万众一心，扭转困难局面的大无畏

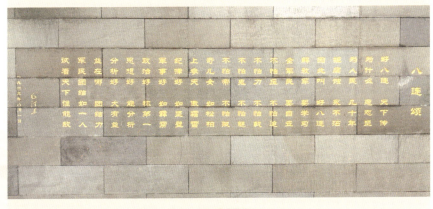

"八连颂"

英雄气概，赞扬了中华儿女对社会主义事业的坚定信念。这首诗最早发表在 1982 年 12 月 26 日的《解放军报》，成了一代代八连人的骄傲。这是毛主席唯一一次为一个连队写下诗篇。直到今天，走进八连连队里，随便哪个战士都能够背诵这 128 个字。而诗中的"军民团结如一人，试看天下谁能敌"更是成为一代代八连战士的座右铭。在八连战士心目中，"军民如一家"是他们一以贯之的目标。

后　记

　　红色基因是我党我军性质宗旨本色的集中体现，凝结着老一辈革命家的艰辛探索和智慧韬略，承继着无数革命先烈的赤胆忠诚与奋斗牺牲，蕴含着鲜明的政治立场、坚定的信仰信念、先进的制胜之道、崇高的革命精神、优良的作风纪律，是我党我军从胜利走向胜利的传家法宝。习近平总书记在领导和推进新时代强国强军事业中，高度重视继承发扬我党我军光荣传统和优良作风，强调要把红色基因一代代传下去。党的二十大报告更是对"传承红色基因，赓续红色血脉"作出强调部署，成为全面建设社会主义现代化国家新征程中传承红色基因、弘扬优良传统的重要指导性文献，对于确保我党我军血脉永续、根基永固、优势永存具有重要意义。

　　作为一座具有光荣革命传统的英雄城市，上海的红色资源铭刻了我党创建、发展与领导中国革命建设发展的艰辛和辉煌。为把红色资源利用好，把红色传统发扬好，把红色基因传承好，我们精心选取了上海红色资源中的13处重点旧址、遗址、纪念设施或场所，组织编写了《寻路初心：追溯上海红色谱系》一书，力求用简练、朴实、生动的语言叙述历史、介绍人物、阐释精神，既注重知识灌输，又加强情感培育，更实现心灵沉浸，力争使红色基因渗进血液、浸入心扉。本书由国防大学政治学院教授、博士生导师孙柳任主编，组织编写工作，提出计划，拟定提纲，修改定稿。国防大学副教授徐立佳和讲师田志轩任副主编，田润泽协助承担编写任务。在编写过程中我们参考引用了一些文章资料，由于是作为学习阅读的辅导读物，没有一一标明，在此一并感谢。

图书在版编目(CIP)数据

寻路初心：追溯上海红色谱系 / 孙柳主编.
上海 : 上海人民出版社，2025. -- ISBN 978-7-208
-19333-8

Ⅰ. K878.2

中国国家版本馆 CIP 数据核字第 2025XH7741 号

责任编辑　周　珍
封面设计　夏　芳

寻路初心:追溯上海红色谱系

孙　柳　主编

出　　版	上海人民出版社	
	(201101　上海市闵行区号景路 159 弄 C 座)	
发　　行	上海人民出版社发行中心	
印　　刷	上海中华印刷有限公司	
开　　本	720×1000　1/16	
印　　张	18.25	
插　　页	2	
字　　数	233,000	
版　　次	2025 年 3 月第 1 版	
印　　次	2025 年 3 月第 1 次印刷	
ISBN 978 - 7 - 208 - 19333 - 8/D • 4452		
定　　价	128.00 元